BayBO

Bayerische Bauordnung

M&E Rechts- & Gesetzesredaktion

BayBO

Bayerische Bauordnung

ISBN 978-3-947201-86-0

© M&E Rechts- & Gesetzesredaktion

M&E Books Verlag GmbH

Mittelstr. 11-13

40789 Monheim am Rhein

Telefon 02173-993 8712

Telefax 02173-898 4993

https://me-books.de

info@me-books.de

Steuer-Nr: 135/5746/0659

USt.-IdNr.: DE310782725

Geschäftsführer: Vu Dinh

Die Rechte am Werk, insbesondere für die Zusammenstellung, die Cover- und weitere Gestaltung liegen beim Verlag. Trotz sorgfältigster Bearbeitung und Qualitätskontrolle können Übertragungsfehler und technischer Fehler nicht letztgültig ausgeschlossen werden. Fachanwaltliche Beratung wird durch die Konsultation einer Rechtssamlung nicht ersetzt.

VORWORT

Wir alle leben in einer stark rechtlich geprägten Welt. Straßenverkehrsrecht, Steuerrecht, Mietrecht, Kauf- und Vertragsrecht, Erbrecht, Baurecht, Strafrecht und vieles mehr bestimmen täglich die Rahmenbedingungen für unser Leben. Für einen rechtlichen Laien ist es unmöglich, auf allen Rechtsgebieten Fachmann zu werden und Richtern und Rechtsanwälten auf Augenhöhe zu begegnen. Es ist jedoch möglich, durch einen Blick ins Gesetz zumindest die Grundlagen kennenzulernen. Dazu dient dieser Gesetzestext.

Das Recht ist stets im Wandel und unterliegt ständigen Veränderungen. Wir bieten aktuelle Gesetzestexte in einem handlichen Format für die Praxis. Die Zusammenstellung der Gesetzestexte wurde von der Rechts- und Gesetzesredaktion des Verlages sorgfältig auf Aktualität geprüft. In der Redaktion werden ausschließlich Volljuristen mit der Befähigung zur Ausübung eines Richteramtes eingesetzt. So können Sie sicher sein, dass Sie stets die amtlich gültige und aktuelle Fassung in Händen halten.

M&E Rechts- & Gesetzesredaktion

INHALT

VORWORT 4

Erster Teil Allgemeine Vorschriften 13
    Art. 1 13
    Anwendungsbereich 13
    Art. 2 13
    Begriffe 13
    Art. 3 17
    Allgemeine Anforderungen 17

Zweiter Teil Das Grundstück und seine Bebauung 18
    Art. 4 18
    Bebauung der Grundstücke mit Gebäuden 18
    Art. 5 18
    Zugänge und Zufahrten auf den Grundstücken 18
    Art. 6 19
    Abstandsflächen, Abstände 19
    Art. 7 22
    Nicht überbaute Flächen der bebauten Grundstücke; Kinderspielplätze ... 22

Dritter Teil Bauliche Anlagen 23
    Abschnitt I Baugestaltung 23
    Art. 8 23
    Baugestaltung 23
    Abschnitt II Allgemeine Anforderungen an die Bauausführung ... 23
    Art. 9 23
    Baustelle 23
    Art. 10 23
    Standsicherheit 23
    Art. 11 24
    Schutz gegen Einwirkungen 24
    Art. 12 24
    Brandschutz 24
    Art. 13 24
    Wärme-, Schall- und Erschütterungsschutz 24

Art. 14 ... 24
Verkehrssicherheit ... 24
***Abschnitt III Bauarten und Bauprodukte* ... 25**
Art. 15 ... 25
Bauarten ... 25
Art. 16 ... 26
Verwendung von Bauprodukten ... 26
Art. 17 ... 26
Verwendbarkeitsnachweise ... 26
Art. 18 ... 26
Allgemeine bauaufsichtliche Zulassung ... 27
Art. 19 ... 27
Allgemeines bauaufsichtliches Prüfzeugnis ... 27
Art. 20 ... 27
Zustimmung im Einzelfall ... 27
Art. 21 ... 27
Übereinstimmungserklärung, Zertifizierung ... 27
Art. 22 ... 28
Besondere Sachkunde- und Sorgfaltsanforderungen ... 28
Art. 23 ... 29
Zuständigkeiten ... 29
***Abschnitt IV Brandverhalten von Baustoffen und Bauteilen; Wände, Decken, Dächer* ... 30**
Art. 24 ... 30
Allgemeine Anforderungen an das Brandverhalten von Baustoffen und Bauteilen ... 30
Art. 25 ... 31
Tragende Wände, Stützen ... 31
Art. 26 ... 31
Außenwände ... 31
Art. 27 ... 32
Trennwände ... 32
Art. 28 ... 33
Brandwände ... 33
Art. 29 ... 35
Decken ... 35

Art. 30 36
Dächer 36
Abschnitt V Rettungswege, Öffnungen, Umwehrungen *38*
Art. 31 38
Erster und zweiter Rettungsweg 38
Art. 32 39
Treppen 39
Art. 33 40
Notwendige Treppenräume, Ausgänge 40
Art. 34 42
Notwendige Flure, offene Gänge 42
Art. 35 43
Fenster, Türen, sonstige Öffnungen 44
Art. 36 44
Umwehrungen 44
Abschnitt VI Technische Gebäudeausrüstung *45*
Art. 37 45
Aufzüge 45
Art. 38 46
Leitungsanlagen, Installationsschächte und -kanäle 46
Art. 39 46
Lüftungsanlagen 46
Art. 40 47
Feuerungsanlagen, sonstige Anlagen zur Wärmeerzeugung,
Brennstoffversorgung 47
Art. 41 48
Nicht durch Sammelkanalisation erschlossene Anwesen 48
Art. 42 48
Sanitäre Anlagen 48
Art. 43 49
Aufbewahrung fester Abfallstoffe 49
Art. 44 49
Blitzschutzanlagen 49
Abschnitt VII Nutzungsbedingte Anforderungen *49*
Art. 45 49
Aufenthaltsräume 49

Art. 46 50
Wohnungen 50
Art. 47 50
Stellplätze, Verordnungsermächtigung 50
Art. 48 51
Barrierefreies Bauen 51

Vierter Teil Die am Bau Beteiligten 53

Art. 49 53
Grundpflichten 53
Art. 50 53
Bauherr 53
Art. 51 53
Entwurfsverfasser 53
Art. 52 54
Unternehmer 54

Fünfter Teil Bauaufsichtsbehörden, Verfahren 55

Abschnitt I Bauaufsichtsbehörden 55

Art. 53 55
Aufbau und Zuständigkeit der Bauaufsichtsbehörden,
Verordnungsermächtigung 55
Art. 54 57
Aufgaben und Befugnisse der Bauaufsichtsbehörden 57

Abschnitt II Genehmigungspflicht, Genehmigungsfreiheit 58

Art. 55 58
Grundsatz 58
Art. 56 58
Vorrang anderer Gestattungsverfahren 58
Art. 57 59
Verfahrensfreie Bauvorhaben, Beseitigung von Anlagen 59
Art. 58 66
Genehmigungsfreistellung 66

Abschnitt III Genehmigungsverfahren 67

Art. 59 68
Vereinfachtes Baugenehmigungsverfahren 68
Art. 60 68

Baugenehmigungsverfahren	68
Art. 61	68
Bauvorlageberechtigung	68
Art. 62	72
Bautechnische Nachweise	72
Art. 62a	72
Standsicherheitsnachweis	73
Art. 62b	74
Brandschutznachweis	74
Art. 63	74
Abweichungen	74
Art. 64	75
Bauantrag, Bauvorlagen	75
Art. 65	76
Behandlung des Bauantrags	76
Art. 66	76
Beteiligung des Nachbarn	76
Art. 66a	77
Beteiligung der Öffentlichkeit	77
Art. 67	78
Ersetzung des gemeindlichen Einvernehmens	78
Art. 68	79
Baugenehmigung und Baubeginn	79
Art. 69	80
Geltungsdauer der Baugenehmigung und der Teilbaugenehmigung	80
Art. 70	80
Teilbaugenehmigung	80
Art. 71	81
Vorbescheid	81
Art. 72	81
Genehmigung fliegender Bauten	81
Art. 73	83
Bauaufsichtliche Zustimmung	83
Abschnitt IV Bauaufsichtliche Maßnahmen	85
Art. 74	85
Verbot unrechtmäßig gekennzeichneter Bauprodukte	85

Art. 75 85
Einstellung von Arbeiten 85
Art. 76 85
Beseitigung von Anlagen, Nutzungsuntersagung 86
Abschnitt V Bauüberwachung *86*
Art. 77 86
Bauüberwachung 86
Art. 78 87
Bauzustandsanzeigen, Aufnahme der Nutzung 87

Sechster Teil Ordnungswidrigkeiten, Rechtsvorschriften 89
Art. 79 89
Ordnungswidrigkeiten 89
Art. 80 90
Rechtsverordnungen 90
Art. 81 94
Örtliche Bauvorschriften 94
Art. 81a 95
Technische Baubestimmungen 95

Siebter Teil Ausführungsbestimmungen zum Baugesetzbuch 98
Art. 82 98
Windenergie und Nutzungsänderung ehemaliger landwirtschaftlicher Gebäude 98

Achter Teil Übergangs- und Schlussvorschriften 100
Art. 83 100
Übergangsvorschriften 100
Art. 84 100
Inkrafttreten 100

Erster Teil Allgemeine Vorschriften

Art. 1
Anwendungsbereich

(1) Dieses Gesetz gilt für alle baulichen Anlagen und Bauprodukte. Es gilt auch für Grundstücke sowie für andere Anlagen und Einrichtungen, an die nach diesem Gesetz oder in Vorschriften auf Grund dieses Gesetzes Anforderungen gestellt werden.

(2) Dieses Gesetz gilt nicht für

1. Anlagen des öffentlichen Verkehrs sowie ihre Nebenanlagen und Nebenbetriebe, ausgenommen Gebäude an Flugplätzen,

2. Anlagen, die der Bergaufsicht unterliegen,

3. Rohrleitungsanlagen sowie Leitungen aller Art, ausgenommen in Gebäuden,

4. Kräne und Krananlagen,

5. Gerüste,

6. Feuerstätten, die nicht der Raumheizung oder der Brauchwassererwärmung dienen, ausgenommen Gas-Haushalts-Kochgeräte,

7. Einrichtungsgegenstände, insbesondere Regale und Messestände.

Art. 2
Begriffe

(1) Bauliche Anlagen sind mit dem Erdboden verbundene, aus Bauprodukten hergestellte Anlagen. Ortsfeste Anlagen der Wirtschaftswerbung (Werbeanlagen) einschließlich Automaten sind bauliche Anlagen. Als bauliche Anlagen gelten Anlagen, die nach ihrem Verwendungszweck dazu bestimmt sind, überwiegend ortsfest benutzt zu werden, sowie

1. Aufschüttungen, soweit sie nicht unmittelbare Folge von Abgrabungen sind,

2. Lagerplätze, Abstellplätze und Ausstellungsplätze,

3. Campingplätze und Wochenendplätze,

4. Freizeit- und Vergnügungsparks,

5. Stellplätze für Kraftfahrzeuge.

Anlagen sind bauliche Anlagen sowie andere Anlagen und Einrichtungen im Sinn des Art. 1 Abs. 1 Satz 2.

(2) Gebäude sind selbständig benutzbare, überdeckte bauliche Anlagen, die von Menschen betreten werden können.

(3) Gebäude werden in folgende Gebäudeklassen eingeteilt:

1. Gebäudeklasse 1:

a) freistehende Gebäude mit einer Höhe bis zu 7 m und nicht mehr als zwei Nutzungseinheiten von insgesamt nicht mehr als 400 m^2 und

b) land- oder forstwirtschaftlich genutzte Gebäude,

2. Gebäudeklasse 2:

Gebäude mit einer Höhe bis zu 7 m und nicht mehr als zwei Nutzungseinheiten von insgesamt nicht mehr als 400 m^2,

3. Gebäudeklasse 3:

sonstige Gebäude mit einer Höhe bis zu 7 m,

4. Gebäudeklasse 4:

Gebäude mit einer Höhe bis zu 13 m und Nutzungseinheiten mit jeweils nicht mehr als 400 m^2,

5. Gebäudeklasse 5:

sonstige Gebäude einschließlich unterirdischer Gebäude.

Höhe im Sinn des Satzes 1 ist das Maß der Fußbodenoberkante des höchstgelegenen Geschosses, in dem ein Aufenthaltsraum möglich ist, über der Geländeoberfläche im Mittel. Bei der Berechnung der Flächen nach Satz 1 bleiben die Flächen im Kellergeschoss außer Betracht.

(4) Sonderbauten sind Anlagen und Räume besonderer Art oder Nutzung, die einen der nachfolgenden Tatbestände erfüllen:

1. Hochhäuser (Gebäude mit einer Höhe nach Abs. 3 Satz 2 von mehr als 22 m),

2. bauliche Anlagen mit einer Höhe von mehr als 30 m,

3. Gebäude mit mehr als 1 600 m² Fläche des Geschosses mit der größten Ausdehnung, ausgenommen Wohngebäude und Garagen,

4. Verkaufsstätten, deren Verkaufsräume und Ladenstraßen eine Fläche von insgesamt mehr als 800 m² haben,

5. Gebäude mit Räumen, die einer Büro- oder Verwaltungsnutzung dienen und einzeln mehr als 400 m² haben,

6. Gebäude mit Räumen, die einzeln für eine Nutzung durch mehr als 100 Personen bestimmt sind,

7. Versammlungsstätten

a) mit Versammlungsräumen, die insgesamt mehr als 200 Besucher fassen, wenn diese Versammlungsräume gemeinsame Rettungswege haben,

b) im Freien mit Szenenflächen sowie Freisportanlagen jeweils mit Tribünen, die keine fliegenden Bauten sind und insgesamt mehr als 1 000 Besucher fassen,

8. Gaststätten mit mehr als 40 Gastplätzen in Gebäuden oder mehr als 1 000 Gastplätzen im Freien, Beherbergungsstätten mit mehr als zwölf Betten und Spielhallen mit mehr als 150 m2,

9. Gebäude mit Nutzungseinheiten zum Zweck der Pflege oder Betreuung von Personen mit Pflegebedürftigkeit oder Behinderung, deren Selbstrettungsfähigkeit eingeschränkt ist, wenn die Nutzungseinheiten

a) einzeln für mehr als sechs Personen bestimmt sind,

b) für Personen mit Intensivpflegebedarf bestimmt sind oder

c) einen gemeinsamen Rettungsweg haben und für insgesamt mehr als zwölf Personen bestimmt sind,

10. Krankenhäuser,

11. sonstige Einrichtungen zur Unterbringung von Personen sowie Wohnheime,

12. Tageseinrichtungen für Kinder, Menschen mit Behinderung und alte Menschen, in denen mehr als zehn Personen betreut werden,

13. Schulen, Hochschulen und ähnliche Einrichtungen,

14. Justizvollzugsanstalten und bauliche Anlagen für den Maßregelvollzug,

15. Camping- und Wochenendplätze,

16. Freizeit- und Vergnügungsparks,

17. fliegende Bauten, soweit sie einer Ausführungsgenehmigung bedürfen, sowie Fahrgeschäfte, die keine fliegenden Bauten und nicht verfahrensfrei sind,

18. Regale mit einer Oberkante Lagerguthöhe von mehr als 7,50 m,

19. bauliche Anlagen, deren Nutzung durch Umgang mit oder Lagerung von Stoffen mit Explosions- oder erhöhter Brandgefahr verbunden ist,

20. Anlagen und Räume, die in den Nrn. 1 bis 19 nicht aufgeführt und deren Art oder Nutzung mit vergleichbaren Gefahren verbunden sind, ausgenommen Wohngebäude, die keine Hochhäuser sind.

(5) Aufenthaltsräume sind Räume, die zum nicht nur vorübergehenden Aufenthalt von Menschen bestimmt oder geeignet sind.

(6) Flächen von Gebäuden, Geschossen, Nutzungseinheiten und Räumen sind als Brutto-Grundfläche zu ermitteln, soweit nichts anderes geregelt ist.

(7) Geschosse sind oberirdische Geschosse, wenn ihre Deckenoberkanten im Mittel mehr als 1,40 m über die Geländeoberfläche hinausragen; im Übrigen sind sie Kellergeschosse. 2Hohlräume zwischen der obersten Decke und der Bedachung, in denen Aufenthaltsräume nicht möglich sind, sind keine Geschosse.

(8) Stellplätze sind Flächen, die dem Abstellen von Kraftfahrzeugen außerhalb der öffentlichen Verkehrsfläche dienen. 2Garagen sind Gebäude oder Gebäudeteile zum Abstellen von Kraftfahrzeugen. 3Ausstellungs-,Verkaufs-, Werk- und Lagerräume für Kraftfahrzeuge sind keine Stellplätze oder Garagen.

(9) Feuerstätten sind in oder an Gebäuden ortsfest benutzte Anlagen, die dazu bestimmt sind, durch Verbrennung Wärme zu erzeugen.

(10) Barrierefrei sind bauliche Anlagen, soweit sie für Menschen mit Behinderung in der allgemein üblichen Weise, ohne besondere Erschwernis und grundsätzlich ohne fremde Hilfe zugänglich und nutzbar sind.

(11) Bauprodukte sind

1. Produkte, Baustoffe, Bauteile, Anlagen und Bausätze gemäß Art. 2 Nr. 2 der Verordnung (EU) Nr. 305/2011, die hergestellt werden, um dauerhaft in bauliche Anlagen eingebaut zu werden,

2. aus ihnen vorgefertigte Anlagen, die hergestellt werden, um mit dem Erdboden verbunden zu werden, wenn sich deren Verwendung auf die Anforderungen nach Art. 3 Satz 1 auswirken kann.

(12) Bauart ist das Zusammenfügen von Bauprodukten zu baulichen Anlagen oder Teilen von baulichen Anlagen.

Art. 3
Allgemeine Anforderungen

Bei der Anordnung, Errichtung, Änderung, Nutzungsänderung, Instandhaltung und Beseitigung von Anlagen sind die Belange der Baukultur, insbesondere die anerkannten Regeln der Baukunst, so zu berücksichtigen, dass die öffentliche Sicherheit und Ordnung, insbesondere Leben und Gesundheit, und die natürlichen Lebensgrundlagen nicht gefährdet werden. 2Anlagen müssen bei ordnungsgemäßer Instandhaltung die Anforderungen des Satzes 1 während einer dem Zweck entsprechenden angemessenen Zeitdauer erfüllen und ohne Missstände benutzbar sein.

Zweiter Teil Das Grundstück und seine Bebauung

Art. 4
Bebauung der Grundstücke mit Gebäuden

(1) Gebäude dürfen nur unter folgenden Voraussetzungen errichtet werden:

1. Das Grundstück muss nach Lage, Form, Größe und Beschaffenheit für die beabsichtigte Bebauung geeignet sein;

2. das Grundstück muss in einer angemessenen Breite an einer befahrbaren öffentlichen Verkehrsfläche liegen.

(2) Abweichend von Abs. 1 Nr. 2 sind im Geltungsbereich eines Bebauungsplans im Sinn der §§ 12 und 30 Abs. 1 des Baugesetzbuchs (BauGB) und innerhalb eines im Zusammenhang bebauten Ortsteils (§ 34 BauGB) nicht erforderlich

1. die Befahrbarkeit von Wohnwegen begrenzter Länge, wenn keine Bedenken wegen des Brandschutzes oder des Rettungsdienstes bestehen,

2. die Widmung von Wohnwegen begrenzter Länge, wenn von dem Wohnweg nur Wohngebäude der Gebäudeklassen 1 bis 3 erschlossen werden und gegenüber dem Rechtsträger der Bauaufsichtsbehörde rechtlich gesichert ist, dass der Wohnweg sachgerecht unterhalten wird und allgemein benutzt werden kann.

(3) Im Außenbereich genügt eine befahrbare, gegenüber dem Rechtsträger der Bauaufsichtsbehörde rechtlich gesicherte Zufahrt zu einem befahrbaren öffentlichen Weg.

Art. 5
Zugänge und Zufahrten auf den Grundstücken

(1) Von öffentlichen Verkehrsflächen ist insbesondere für die Feuerwehr ein geradliniger Zu- oder Durchgang zu rückwärtigen Gebäuden zu schaffen; zu anderen Gebäuden ist er zu schaffen, wenn der zweite Rettungsweg dieser Gebäude über Rettungsgeräte der Feuerwehr führt. Zu Gebäuden, bei denen die Oberkante der Brüstung von zum Anleitern bestimmten Fenstern oder Stellen mehr als 8 m über dem Gelände liegt, ist in den Fällen des Satzes 1 an Stelle eines Zu- oder Durchgangs eine Zu- oder Durchfahrt zu schaffen. Ist für die Personenrettung der Einsatz von Hubrettungsfahrzeugen erforderlich, sind die dafür erforderlichen Aufstell- und Bewegungsflächen vorzusehen. Bei Gebäuden, die ganz

oder mit Teilen mehr als 50 m von einer öffentlichen Verkehrsfläche entfernt sind, sind Zufahrten oder Durchfahrten nach Satz 2 zu den vor und hinter den Gebäuden gelegenen Grundstücksteilen und Bewegungsflächen herzustellen, wenn sie aus Gründen des Feuerwehreinsatzes erforderlich sind.

(2) Zu- und Durchfahrten, Aufstellflächen und Bewegungsflächen müssen für Feuerwehreinsatzfahrzeuge ausreichend befestigt und tragfähig sein; sie sind als solche zu kennzeichnen und ständig frei zu halten; die Kennzeichnung von Zufahrten muss von der öffentlichen Verkehrsfläche aus sichtbar sein. Fahrzeuge dürfen auf den Flächen nach Satz 1 nicht abgestellt werden.

Art. 6
Abstandsflächen, Abstände

(1) Vor den Außenwänden von Gebäuden sind Abstandsflächen von oberirdischen Gebäuden freizuhalten. 2Satz 1 gilt entsprechend für andere Anlagen, von denen Wirkungen wie von Gebäuden ausgehen, gegenüber Gebäuden und Grundstücksgrenzen. 3Eine Abstandsfläche ist nicht erforderlich vor Außenwänden, die an Grundstücksgrenzen errichtet werden, wenn nach planungsrechtlichen Vorschriften an die Grenze gebaut werden muss oder gebaut werden darf. 4 Art. 63 bleibt unberührt.

(2) Abstandsflächen sowie Abstände nach Art. 28 Abs. 2 Nr. 1 und Art. 30 Abs. 2 müssen auf dem Grundstück selbst liegen. 2Sie dürfen auch auf öffentlichen Verkehrs-, Grün- und Wasserflächen liegen, jedoch nur bis zu deren Mitte. 3Abstandsflächen sowie Abstände im Sinn des Satzes 1 dürfen sich ganz oder teilweise auf andere Grundstücke erstrecken, wenn rechtlich oder tatsächlich gesichert ist, dass sie nicht überbaut werden, oder wenn der Nachbar gegenüber der Bauaufsichtsbehörde schriftlich, aber nicht in elektronischer Form, zustimmt; die Zustimmung des Nachbarn gilt auch für und gegen seinen Rechtsnachfolger. 4Abstandsflächen dürfen auf die auf diesen Grundstücken erforderlichen Abstandsflächen nicht angerechnet werden.

(3) Die Abstandsflächen dürfen sich nicht überdecken; das gilt nicht für

1. Außenwände, die in einem Winkel von mehr als 75 Grad zueinander stehen,

2. Außenwände zu einem fremder Sicht entzogenen Gartenhof bei Wohngebäuden der Gebäudeklassen 1 und 2,

3. Gebäude und andere bauliche Anlagen, die in den Abstandsflächen zulässig sind.

(4) Die Tiefe der Abstandsfläche bemisst sich nach der Wandhöhe; sie wird senkrecht zur Wand gemessen. 2Wandhöhe ist das Maß von der Geländeoberfläche bis zum Schnittpunkt der Wand mit der Dachhaut oder bis zum oberen Abschluss der Wand. 3Die Höhe von Dächern mit einer Neigung von mehr als 70 Grad wird voll, von Dächern mit einer Neigung von mehr als 45 Grad zu einem Drittel hinzugerechnet. 4Die Höhe der Giebelflächen im Bereich des Dachs ist bei einer Dachneigung von mehr als 70 Grad voll, im Übrigen nur zu einem Drittel anzurechnen. 5Die Sätze 1 bis 4 gelten für Dachaufbauten entsprechend. 6Das sich ergebende Maß ist H.

(5) Die Tiefe der Abstandsflächen beträgt 1 H, mindestens 3 m. 2In Kerngebieten und in festgesetzten urbanen Gebieten beträgt die Tiefe 0,50 H, in Gewerbe- und Industriegebieten 0,25 H, mindestens jeweils 3 m. 3Werden von einer städtebaulichen Satzung oder einer Satzung nach Art. 81 Außenwände zugelassen oder vorgeschrieben, vor denen Abstandsflächen größerer oder geringerer Tiefe als nach den Sätzen 1 und 2 liegen müssten, finden die Sätze 1 und 2 keine Anwendung, es sei denn, die Satzung ordnet die Geltung dieser Vorschriften an; die ausreichende Belichtung und Belüftung dürfen nicht beeinträchtigt, die Flächen für notwendige Nebenanlagen nicht eingeschränkt werden. 4Satz 3 gilt entsprechend, wenn sich einheitlich abweichende Abstandsflächentiefen aus der umgebenden Bebauung im Sinn des § 34 Abs. 1 Satz 1 BauGB ergeben.

(6) Vor zwei Außenwänden von nicht mehr als 16 m Länge genügt als Tiefe der Abstandsflächen die Hälfte der nach Abs. 5 erforderlichen Tiefe, mindestens jedoch 3 m; das gilt nicht in Gebieten nach Abs. 5 Satz 2. 2Wird ein Gebäude mit einer Außenwand an eine Grundstücksgrenze gebaut, gilt Satz 1 nur noch für eine Außenwand; wird ein Gebäude mit zwei Außenwänden an Grundstücksgrenzen gebaut, so ist Satz 1 nicht anzuwenden; Grundstücksgrenzen zu öffentlichen Verkehrsflächen, öffentlichen Grünflächen und öffentlichen Wasserflächen bleiben hierbei unberücksichtigt. 3Aneinandergebaute Gebäude sind wie ein Gebäude zu behandeln.

(7) Die Gemeinde kann durch Satzung, die auch nach Art. 81 Abs. 2 erlassen werden kann, abweichend von Abs. 4 Sätze 3 und 4, Abs. 5 Sätze 1 und 2 sowie Abs. 6 für ihr Gemeindegebiet oder Teile ihres Gemeindegebiets vorsehen, dass

1. nur die Höhe von Dächern mit einer Neigung von weniger als 70 Grad zu einem Drittel, bei einer größeren Neigung der Wandhöhe voll hinzugerechnet wird und

2. die Tiefe der Abstandsfläche 0,4 H, mindestens 3 m, in Gewerbe- und Industriegebieten 0,2 H, mindestens 3 m, beträgt.

(8) Bei der Bemessung der Abstandsflächen bleiben außer Betracht

1. vor die Außenwand vortretende Bauteile wie Gesimse und Dachüberstände,

2. untergeordnete Vorbauten wie Balkone und eingeschossige Erker, wenn sie

a) insgesamt nicht mehr als ein Drittel der Breite der Außenwand des jeweiligen Gebäudes, höchstens jeweils 5 m, in Anspruch nehmen,

b) nicht mehr als 1,50 m vor diese Außenwand vortreten und

c) mindestens 2 m von der gegenüberliegenden Nachbargrenze entfernt bleiben,

3. untergeordnete Dachgauben, wenn

a) sie insgesamt nicht mehr als ein Drittel der Breite der Außenwand des jeweiligen Gebäudes, höchstens jeweils 5 m, in Anspruch nehmen und

b) ihre Ansichtsfläche jeweils nicht mehr als 4 m2 beträgt und eine Höhe von nicht mehr als 2,5 m aufweist.

(9) In den Abstandsflächen eines Gebäudes sowie ohne eigene Abstandsflächen sind, auch wenn sie nicht an die Grundstücksgrenze oder an das Gebäude angebaut werden, zulässig

1. Garagen einschließlich deren Nebenräumen, überdachte Tiefgaragenzufahrten, Aufzüge zu Tiefgaragen und Gebäude ohne Aufenthaltsräume und Feuerstätten mit einer mittleren Wandhöhe bis zu 3 m und einer Gesamtlänge je Grundstücksgrenze von 9 m, bei einer Länge der Grundstücksgrenze von mehr als 42 m darüber hinaus freistehende Gebäude ohne Aufenthaltsräume und Feuerstätten mit einer mittleren Wandhöhe bis zu 3 m, nicht mehr als 50 m³ Brutto-Rauminhalt und einer Gesamtlänge je Grundstücksgrenze von 5 m; abweichend von Abs. 4 bleibt bei einer Dachneigung bis zu 70 Grad die Höhe von Dächern und Giebelflächen unberücksichtigt,

2. gebäudeunabhängige Solaranlagen mit einer Höhe bis zu 3 m und einer Gesamtlänge je Grundstücksgrenze von 9 m,

3. Stützmauern und geschlossene Einfriedungen in Gewerbe- und Industriegebieten, außerhalb dieser Baugebiete mit einer Höhe bis zu 2 m.

Die Länge der die Abstandsflächentiefe gegenüber den Grundstücksgrenzen nicht einhaltenden Bebauung nach den Nrn. 1 und 2 darf auf einem Grundstück insgesamt 15 m nicht überschreiten.

Art. 7
Nicht überbaute Flächen der bebauten Grundstücke; Kinderspielplätze

(1) 1Die nicht mit Gebäuden oder vergleichbaren baulichen Anlagen überbauten Flächen der bebauten Grundstücke sind

1. wasseraufnahmefähig zu belassen oder herzustellen und

2. zu begrünen oder zu bepflanzen,

soweit dem nicht die Erfordernisse einer anderen zulässigen Verwendung der Flächen entgegenstehen. 2Satz 1 findet keine Anwendung, soweit Bebauungspläne oder andere Satzungen Festsetzungen zu den nicht überbauten Flächen treffen.

(2) Bei der Errichtung von Gebäuden mit mehr als drei Wohnungen ist auf dem Baugrundstück oder in unmittelbarer Nähe auf einem anderen geeigneten Grundstück, dessen dauerhafte Nutzung für diesen Zweck gegenüber dem Rechtsträger der Bauaufsichtsbehörde rechtlich gesichert sein muss, ein ausreichend großer Kinderspielplatz anzulegen. Das gilt nicht, wenn in unmittelbarer Nähe eine Gemeinschaftsanlage oder ein sonstiger für die Kinder nutzbarer Spielplatz geschaffen wird oder vorhanden oder ein solcher Spielplatz wegen der Art und der Lage der Wohnungen nicht erforderlich ist. Bei bestehenden Gebäuden nach Satz 1 kann die Herstellung von Kinderspielplätzen verlangt werden.

Dritter Teil Bauliche Anlagen

Abschnitt I Baugestaltung

Art. 8
Baugestaltung

Bauliche Anlagen müssen nach Form, Maßstab, Verhältnis der Baumassen und Bauteile zueinander, Werkstoff und Farbe so gestaltet sein, dass sie nicht verunstaltet wirken. Bauliche Anlagen dürfen das Straßen-, Orts- und Landschaftsbild nicht verunstalten. Die störende Häufung von Werbeanlagen ist unzulässig.

Abschnitt II Allgemeine Anforderungen an die Bauausführung

Art. 9
Baustelle

(1) Baustellen sind so einzurichten, dass bauliche Anlagen ordnungsgemäß errichtet, geändert, beseitigt oder instand gehalten werden können und dass keine Gefahren, vermeidbaren Nachteile oder vermeidbaren Belästigungen entstehen.

(2) Öffentliche Verkehrsflächen, Versorgungs-, Abwasserbeseitigungs- und Meldeanlagen, Grundwassermessstellen, Vermessungszeichen, Abmarkungszeichen und Grenzzeichen sind für die Dauer der Bauausführung zu schützen und, soweit erforderlich, unter den notwendigen Sicherheitsvorkehrungen zugänglich zu halten.

(3) Bei der Ausführung nicht verfahrensfreier Bauvorhaben hat der Bauherr an der Baustelle ein Schild, das die Bezeichnung des Bauvorhabens sowie die Namen und Anschriften des Bauherrn und des Entwurfsverfassers enthalten muss, dauerhaft und von der öffentlichen Verkehrsfläche aus sichtbar anzubringen.

Art. 10
Standsicherheit

Jede bauliche Anlage muss im Ganzen, in ihren einzelnen Teilen und für sich allein standsicher sein. Die Standsicherheit muss auch während der Errichtung und bei der

Änderung und der Beseitigung gewährleistet sein. Die Standsicherheit anderer baulicher Anlagen und die Tragfähigkeit des Baugrunds des Nachbargrundstücks dürfen nicht gefährdet werden.

Art. 11
Schutz gegen Einwirkungen

Bauliche Anlagen sind so anzuordnen, zu errichten, zu ändern und instand zu halten, dass durch Wasser, Feuchtigkeit, pflanzliche und tierische Schädlinge sowie andere chemische, physikalische oder biologische Einflüsse Gefahren oder unzumutbare Belästigungen nicht entstehen.

Art. 12
Brandschutz

Bauliche Anlagen sind so anzuordnen, zu errichten, zu ändern und instand zu halten, dass der Entstehung eines Brandes und der Ausbreitung von Feuer und Rauch (Brandausbreitung) vorgebeugt wird und bei einem Brand die Rettung von Menschen und Tieren sowie wirksame Löscharbeiten möglich sind.

Art. 13
Wärme-, Schall- und Erschütterungsschutz

(1) Gebäude müssen einen ihrer Nutzung und den klimatischen Verhältnissen entsprechenden Wärmeschutz haben.

(2) Gebäude müssen einen ihrer Nutzung entsprechenden Schallschutz haben. 2Geräusche, die von ortsfesten Einrichtungen in baulichen Anlagen oder auf Baugrundstücken ausgehen, sind so zu dämmen, dass Gefahren oder unzumutbare Belästigungen nicht entstehen.

(3) Erschütterungen oder Schwingungen, die von ortsfesten Einrichtungen in baulichen Anlagen oder auf Baugrundstücken ausgehen, sind so zu dämmen, dass Gefahren oder unzumutbare Belästigungen nicht entstehen.

Art. 14
Verkehrssicherheit

(1) Bauliche Anlagen und die dem Verkehr dienenden nicht überbauten Flächen bebauter Grundstücke müssen verkehrssicher sein.

(2) Die Sicherheit und Leichtigkeit des öffentlichen Verkehrs darf durch bauliche Anlagen und deren Nutzung nicht gefährdet werden.

Abschnitt III Bauarten und Bauprodukte

Art. 15
Bauarten

(1) Bauarten dürfen nur angewendet werden, wenn sie für ihren Anwendungszweck tauglich sind und bei ihrer Anwendung die baulichen Anlagen bei ordnungsgemäßer Instandhaltung während einer dem Zweck entsprechenden angemessenen Zeitdauer die Anforderungen dieses Gesetzes oder auf Grund dieses Gesetzes erfüllen.

(2) Bauarten, die von Technischen Baubestimmungen in Bezug auf die Planung, Bemessung und Ausführung baulicher Anlagen und ihrer Teile wesentlich abweichen, oder für die es keine allgemein anerkannten Regeln der Technik gibt, dürfen nur angewendet werden, wenn für sie

1. eine allgemeine Bauartgenehmigung oder

2. eine vorhabenbezogene Bauartgenehmigung

erteilt worden ist. 2 Art. 18 gilt entsprechend.

(3) Anstelle einer allgemeinen Bauartgenehmigung genügt ein allgemeines bauaufsichtliches Prüfzeugnis, wenn die Bauart nach allgemein anerkannten Prüfverfahren beurteilt werden kann. 2 Art. 18 gilt entsprechend.

(4) Sind Gefahren für die öffentliche Sicherheit und Ordnung, insbesondere Leben und Gesundheit, und die natürlichen Lebensgrundlagen nicht zu erwarten, kann die oberste Bauaufsichtsbehörde festlegen, dass eine Bauartgenehmigung nicht erforderlich ist.

(5) Für jede Bauart muss bestätigt werden, dass sie mit den Technischen Baubestimmungen, den allgemeinen Bauartgenehmigungen, den allgemeinen bauaufsichtlichen Prüfzeugnissen für Bauarten oder den vorhabenbezogenen Bauartgenehmigungen übereinstimmt. 2Unwesentliche Abweichungen bleiben außer Betracht. 3 Art. 21 Abs. 3 gilt für den Anwender der Bauart entsprechend.

(6) Hängt die Anwendung einer Bauart in außergewöhnlichem Maß von der Sachkunde und Erfahrung der damit betrauten Personen oder von einer Ausstattung mit besonderen Vorrichtungen ab oder bedarf die Bauart einer außergewöhnlichen Sorgfalt bei Ausführung oder Instandhaltung, gilt Art. 22 entsprechend.

Art. 16
Verwendung von Bauprodukten

(1) CE-gekennzeichnete Bauprodukte dürfen verwendet werden, wenn die erklärten Leistungen den in diesem Gesetz oder auf Grund dieses Gesetzes festgelegten Anforderungen für diese Verwendung entsprechen. Auf Bauprodukte, die die CE-Kennzeichnung auf Grund der Verordnung (EU) Nr. 305/2011 tragen, finden die Art. 17 bis 22 Nr. 1 und Art. 23 keine Anwendung.

(2) Im Übrigen dürfen Bauprodukte nur verwendet werden, wenn sie gebrauchstauglich sind und bei ihrer Verwendung die baulichen Anlagen bei ordnungsgemäßer Instandhaltung während einer dem Zweck entsprechenden angemessenen Zeitdauer die Anforderungen dieses Gesetzes oder auf Grund dieses Gesetzes erfüllen. Dies gilt auch für Bauprodukte, die technischen Anforderungen entsprechen, wie sie in den Vorschriften anderer Vertragsstaaten des Abkommens vom 2. Mai 1992 über den Europäischen Wirtschaftsraum enthalten sind.

Art. 17
Verwendbarkeitsnachweise

Die in Art. 16 Abs. 2 Satz 1 genannten Anforderungen sind für Bauprodukte, die für die Erfüllung der Anforderungen dieses Gesetzes oder auf Grund dieses Gesetzes nicht nur eine untergeordnete Bedeutung haben, durch eine allgemeine bauaufsichtliche Zulassung, ein allgemeines bauaufsichtliches Prüfzeugnis oder eine Zustimmung im Einzelfall (Verwendbarkeitsnachweise) nachzuweisen, wenn

1. es keine Technische Baubestimmung oder allgemein anerkannte Regel der Technik gibt,

2. das Bauprodukt von einer Technischen Baubestimmung in Bezug auf die Leistung von Bauprodukten wesentlich abweicht oder

3. eine Verordnung nach Art. 80 Abs. 5 Nr. 5 es vorsieht.

Art. 18

Allgemeine bauaufsichtliche Zulassung

(1) Eine allgemeine bauaufsichtliche Zulassung wird auf Antrag erteilt und nach Gegenstand und wesentlichem Inhalt öffentlich bekannt gemacht.

(2) Der Antrag ist zu begründen. 2Soweit erforderlich, sind Probestücke vom Antragsteller zur Verfügung zu stellen, durch sachverständige Stellen zu entnehmen oder Probeausführungen unter Aufsicht dieser sachverständigen Stellen vorzunehmen. 3 Art. 65 Abs. 2 gilt entsprechend.

(3) Die allgemeine bauaufsichtliche Zulassung wird widerruflich und befristet erteilt. 2Die Frist beträgt in der Regel fünf Jahre. Die Zulassung kann auf schriftlichen Antrag verlängert werden. 4 Art. 69 Abs. 2 Satz 2 gilt entsprechend.

(4) Die Zulassung wird unbeschadet der Rechte Dritter erteilt.

(5) Allgemeine bauaufsichtliche Zulassungen nach dem Recht anderer Länder gelten auch im Freistaat Bayern.

Art. 19
Allgemeines bauaufsichtliches Prüfzeugnis

Anstelle einer allgemeinen bauaufsichtlichen Zulassung bedarf es nur eines allgemeinen bauaufsichtlichen Prüfzeugnisses, wenn allgemein anerkannte Prüfverfahren bestehen. 2 Art. 18 gilt entsprechend.

Art. 20
Zustimmung im Einzelfall

Ein Bauprodukt darf auch verwendet werden, wenn die Verwendbarkeit durch Zustimmung im Einzelfall nachgewiesen ist. 2Die Zustimmung kann außer in den Fällen des Art. 16 Abs. 2 Satz 1 auch erteilt werden, wenn Gefahren für die öffentliche Sicherheit und Ordnung, insbesondere Leben und Gesundheit, und die natürlichen Lebensgrundlagen nicht zu erwarten sind.

Art. 21
Übereinstimmungserklärung, Zertifizierung

(1) Bauprodukte bedürfen einer Bestätigung ihrer Übereinstimmung mit den Technischen Baubestimmungen oder den Verwendbarkeitsnachweisen. 2Unwesentliche Abweichungen bleiben außer Betracht.

(2) Der Hersteller erklärt die Übereinstimmung, die er durch werkseigene Produktionskontrolle sicherzustellen hat, durch Kennzeichnung der Bauprodukte mit dem Übereinstimmungszeichen (Ü-Zeichen) unter Hinweis auf den Verwendungszweck. 2Das Ü-Zeichen ist auf dem Bauprodukt, auf einem Beipackzettel oder auf seiner Verpackung oder, wenn dies Schwierigkeiten bereitet, auf dem Lieferschein oder auf einer Anlage zum Lieferschein anzubringen. Ü-Zeichen aus anderen Ländern und aus anderen Staaten gelten auch im Freistaat Bayern.

(3) Soweit in den Technischen Baubestimmungen nichts Näheres geregelt ist, kann in den Verwendbarkeitsnachweisen eine Regelung zur Prüfung der Bauprodukte vor Abgabe der Übereinstimmungserklärung oder deren Zertifizierung vorgeschrieben werden, wenn dies zur Sicherung oder zum Nachweis einer ordnungsgemäßen Herstellung erforderlich ist. 2Im Übrigen bedürfen Bauprodukte, die nicht in Serie hergestellt werden, nur der Übereinstimmungserklärung des Herstellers nach Abs. 2.

(4) Dem Hersteller ist das Zertifikat für Bauprodukte zu erteilen, wenn sie den Technischen Baubestimmungen oder den Verwendbarkeitsnachweisen entsprechen und die Übereinstimmung durch werkseigene Produktionskontrolle und regelmäßige Fremdüberwachung sichergestellt ist. Im Einzelfall kann die Verwendung von Bauprodukten ohne Zertifizierung gestattet werden.

Art. 22
Besondere Sachkunde- und Sorgfaltsanforderungen

In der allgemeinen bauaufsichtlichen Zulassung oder in der Zustimmung im Einzelfall kann vorgeschrieben werden, dass

1. der Hersteller von Bauprodukten, deren Herstellung in außergewöhnlichem Maß von der Sachkunde und Erfahrung der damit betrauten Personen oder von einer Ausstattung mit besonderen Vorrichtungen abhängt, über solche Fachkräfte und Vorrichtungen verfügen muss und den Nachweis hierüber gegenüber einer Prüfstelle zu erbringen hat,

2. der Einbau, der Transport, die Instandhaltung oder die Reinigung von Bauprodukten, die wegen ihrer besonderen Eigenschaften oder ihres besonderen Verwendungszwecks einer außergewöhnlichen Sorgfalt bedürfen, durch eine Überwachungsstelle zu

überwachen sind, soweit diese Tätigkeiten nicht bereits durch die Verordnung (EU) Nr. 305/2011 erfasst sind.

Art. 23
Zuständigkeiten

(1) Das Deutsche Institut für Bautechnik erteilt die allgemeine Bauartgenehmigung nach Art. 15 Abs. 2 Satz 1 Nr. 1 und die allgemeine bauaufsichtliche Zulassung nach Art. 18 Abs. 1. 2Es kann vorschreiben, wann welche sachverständige Stelle die Prüfung durchzuführen oder nach Art. 18 Abs. 2 Satz 2 eine Probeausführung vorzunehmen oder Probestücke zu entnehmen hat.

(2) Die oberste Bauaufsichtsbehörde erteilt die vorhabenbezogene Bauartgenehmigung nach Art. 15 Abs. 2 Satz 1 Nr. 2 sowie die Zustimmung im Einzelfall nach Art. 20. 2 Art. 6 Abs. 3 des Bayerischen Denkmalschutzgesetzes bleibt unberührt. 3Die oberste Bauaufsichtsbehörde kann die Verwendung von Bauprodukten ohne Zertifizierung nach Art. 21 Abs. 4 Satz 2 gestatten.

(3) Es obliegen die Aufgaben

1. der Prüfung nach Art. 15 Abs. 3 und 6, Art. 19, Art. 21 Abs. 3 Satz 1, Art. 22 Nr. 1 den anerkannten Prüfstellen,

2. der Überwachung nach Art. 15 Abs. 6, Art. 21 Abs. 4 Satz 1, Art. 22 Nr. 2 den anerkannten Überwachungsstellen und

3. der Zertifizierung nach Art. 21 Abs. 3 Satz 1 den anerkannten Zertifizierungsstellen.

Die Anerkennung der in Satz 1 genannten Stellen erteilt die oberste Bauaufsichtsbehörde oder nach Art. 80 Abs. 5 Nr. 2 das Deutsche Institut für Bautechnik an private Träger, wenn die privaten Träger oder die bei ihr Beschäftigten nach ihrer Ausbildung, Fachkenntnis, persönlichen Zuverlässigkeit, ihrer Unparteilichkeit und ihren Leistungen die Gewähr dafür bieten, dass diese Aufgaben den öffentlich-rechtlichen Vorschriften entsprechend wahrgenommen werden, und wenn die privaten Träger über die erforderlichen Vorrichtungen verfügen. 3Soweit und solange solche Stellen von privaten Trägern nicht zur Verfügung stehen, kann eine Behörde die Aufgaben nach Satz 1 wahrnehmen. 4Die Anerkennung von Prüf-, Zertifizierungs- und Überwachungsstellen anderer Länder gilt auch im Freistaat Bayern.

(4) Die Anerkennungsbehörde nach Abs. 3 Satz 2 kann allgemeine bauaufsichtliche Prüfzeugnisse nach Art. 15 Abs. 3, Art. 19 zurücknehmen oder widerrufen.

Abschnitt IV Brandverhalten von Baustoffen und Bauteilen; Wände, Decken, Dächer

Art. 24
Allgemeine Anforderungen an das Brandverhalten von Baustoffen und Bauteilen

(1) Baustoffe werden nach den Anforderungen an ihr Brandverhalten unterschieden in

1. nichtbrennbare,

2. schwerentflammbare,

3. normalentflammbare.

Baustoffe, die nicht mindestens normalentflammbar sind (leichtentflammbare Baustoffe), dürfen nicht verwendet werden; das gilt nicht, wenn sie in Verbindung mit anderen Baustoffen nicht leichtentflammbar sind.

(2) Bauteile werden nach den Anforderungen an ihre Feuerwiderstandsfähigkeit unterschieden in

1. feuerbeständige,

2. hochfeuerhemmende,

3. feuerhemmende; die Feuerwiderstandsfähigkeit bezieht sich bei tragenden und aussteifenden Bauteilen auf deren Standsicherheit im Brandfall, bei raumabschließenden Bauteilen auf deren Widerstand gegen die Brandausbreitung. Bauteile werden zusätzlich nach dem Brandverhalten ihrer Baustoffe unterschieden in

1. Bauteile aus nichtbrennbaren Baustoffen,

2. Bauteile, deren tragende und aussteifende Teile aus nichtbrennbaren Baustoffen bestehen und die bei raumabschließenden Bauteilen zusätzlich eine in Bauteilebene durchgehende Schicht aus nichtbrennbaren Baustoffen haben,

3. Bauteile, deren tragende und aussteifende Teile aus brennbaren Baustoffen bestehen und die allseitig eine brandschutztechnisch wirksame Bekleidung aus nichtbrennbaren

Baustoffen (Brandschutzbekleidung) und Dämmstoffe aus nichtbrennbaren Baustoffen haben,

4. Bauteile aus brennbaren Baustoffen.

Soweit in diesem Gesetz oder in Vorschriften auf Grund dieses Gesetzes nichts anderes bestimmt ist, müssen

1. Bauteile, die feuerbeständig sein müssen, mindestens den Anforderungen des Satzes 2 Nr. 2,

2. Bauteile, die hochfeuerhemmend sein müssen, mindestens den Anforderungen des Satzes 2 Nr. 3 entsprechen; das gilt nicht für feuerwiderstandsfähige Abschlüsse von Öffnungen.

Art. 25
Tragende Wände, Stützen

(1) Tragende und aussteifende Wände und Stützen müssen im Brandfall ausreichend lang standsicher sein. Sie müssen

1. in Gebäuden der Gebäudeklasse 5 feuerbeständig,

2. in Gebäuden der Gebäudeklasse 4 hochfeuerhemmend,

3. in Gebäuden der Gebäudeklassen 2 und 3 feuerhemmend

sein. Satz 2 gilt

1. für Geschosse im Dachraum nur, wenn darüber noch Aufenthaltsräume möglich sind; Art. 27 Abs. 4 bleibt unberührt,

2. nicht für Balkone, ausgenommen offene Gänge, die als notwendige Flure dienen.

(2) Im Kellergeschoss müssen tragende und aussteifende Wände und Stützen

1. in Gebäuden der Gebäudeklassen 3 bis 5 feuerbeständig,

2. in Gebäuden der Gebäudeklassen 1 und 2 feuerhemmend sein.

Art. 26
Außenwände

(1) Außenwände und Außenwandteile wie Brüstungen und Schürzen sind so auszubilden, dass eine Brandausbreitung auf und in diesen Bauteilen ausreichend lang begrenzt ist.

(2) Nichttragende Außenwände und nichttragende Teile tragender Außenwände müssen aus nichtbrennbaren Baustoffen bestehen; sie sind aus brennbaren Baustoffen zulässig, wenn sie als raumabschließende Bauteile feuerhemmend sind. Satz 1 gilt nicht für

1. Fenster und Türen,

2. Fugendichtungen und

3. brennbare Dämmstoffe in nichtbrennbaren geschlossenen Profilen der Außenwandkonstruktion.

(3) Oberflächen von Außenwänden sowie Außenwandbekleidungen müssen einschließlich der Dämmstoffe und Unterkonstruktionen schwerentflammbar sein; Unterkonstruktionen aus normalentflammbaren Baustoffen sind zulässig, wenn die Anforderungen nach Abs. 1 erfüllt sind. Balkonbekleidungen, die über die erforderliche Umwehrungshöhe hinaus hochgeführt werden, und mehr als zwei Geschosse überbrückende Solaranlagen an Außenwänden müssen schwerentflammbar sein. Baustoffe, die schwerentflammbar sein müssen, in Bauteilen nach Satz 1 Halbsatz 1 und Satz 2 dürfen nicht brennend abfallen oder abtropfen.

(4) Bei Außenwandkonstruktionen mit geschossübergreifenden Hohl- oder Lufträumen wie Doppelfassaden sind gegen die Brandausbreitung besondere Vorkehrungen zu treffen; das gilt für hinterlüftete Außenwandbekleidungen entsprechend.

(5) Die Abs. 2, 3 und 4 Halbsatz 2 gelten nicht für Gebäude der Gebäudeklassen 1 bis 3, Abs. 4 Halbsatz 1 nicht für Gebäude der Gebäudeklassen 1 und 2.

Art. 27
Trennwände

(1) Trennwände nach Abs. 2 müssen als raumabschließende Bauteile von Räumen oder Nutzungseinheiten innerhalb von Geschossen ausreichend lang widerstandsfähig gegen die Brandausbreitung sein.

(2) Trennwände sind erforderlich

1. zwischen Nutzungseinheiten sowie zwischen Nutzungseinheiten und anders genutzten Räumen, ausgenommen notwendigen Fluren,

2. zum Abschluss von Räumen mit Explosions- oder erhöhter Brandgefahr,

3. zwischen Aufenthaltsräumen und anders genutzten Räumen im Kellergeschoss.

(3) Trennwände nach Abs. 2 Nrn. 1 und 3 müssen die Feuerwiderstandsfähigkeit der tragenden und aussteifenden Bauteile des Geschosses haben, jedoch mindestens feuerhemmend sein. Trennwände nach Abs. 2 Nr. 2 müssen feuerbeständig sein.

(4) Die Trennwände nach Abs. 2 sind bis zur Rohdecke, im Dachraum bis unter die Dachhaut zu führen; werden in Dachräumen Trennwände nur bis zur Rohdecke geführt, ist diese Decke als raumabschließendes Bauteil einschließlich der sie tragenden und aussteifenden Bauteile feuerhemmend herzustellen.

(5) Öffnungen in Trennwänden nach Abs. 2 sind nur zulässig, wenn sie auf die für die Nutzung erforderliche Zahl und Größe beschränkt sind; sie müssen feuerhemmende, dicht- und selbstschließende Abschlüsse haben.

(6) Die Abs. 1 bis 5 gelten nicht für Wohngebäude der Gebäudeklassen 1 und 2.

Art. 28
Brandwände

(1) Brandwände müssen als raumabschließende Bauteile zum Abschluss von Gebäuden (Gebäudeabschlusswand) oder zur Unterteilung von Gebäuden in Brandabschnitte (innere Brandwand) ausreichend lang die Brandausbreitung auf andere Gebäude oder Brandabschnitte verhindern.

(2) Brandwände sind erforderlich

1. als Gebäudeabschlusswand, ausgenommen von Gebäuden ohne Aufenthaltsräume und ohne Feuerstätten mit nicht mehr als 50 m³ Brutto-Rauminhalt, wenn diese Abschlusswände an oder mit einem Abstand von weniger als 2,50 m gegenüber der Grundstücksgrenze errichtet werden, es sei denn, dass ein Abstand von mindestens 5 m zu bestehenden oder nach den baurechtlichen Vorschriften zulässigen künftigen Gebäuden gesichert ist,

2. als innere Brandwand zur Unterteilung ausgedehnter Gebäude in Abständen von nicht mehr als 40 m,

3. als innere Brandwand zur Unterteilung land- oder forstwirtschaftlich genutzter Gebäude in Brandabschnitte von nicht mehr als 10 000 m³ Brutto-Rauminhalt,

4. als Gebäudeabschlusswand zwischen Wohngebäuden und angebauten land- oder forstwirtschaftlich genutzten Gebäuden sowie als innere Brandwand zwischen dem Wohnteil und dem land- oder forstwirtschaftlich genutzten Teil eines Gebäudes.

(3) Brandwände müssen auch unter zusätzlicher mechanischer Beanspruchung feuerbeständig sein und aus nichtbrennbaren Baustoffen bestehen. An Stelle von Brandwänden sind in den Fällen von Abs. 2 Nrn. 1 bis 3 zulässig

1. für Gebäude der Gebäudeklasse 4 Wände, die auch unter zusätzlicher mechanischer Beanspruchung hochfeuerhemmend sind,

2. für Gebäude der Gebäudeklassen 1 bis 3 hochfeuerhemmende Wände,

3. für Gebäude der Gebäudeklassen 1 bis 3 Gebäudeabschlusswände, die jeweils von innen nach außen die Feuerwiderstandsfähigkeit der tragenden und aussteifenden Teile des Gebäudes, mindestens jedoch feuerhemmende Bauteile, und von außen nach innen die Feuerwiderstandsfähigkeit feuerbeständiger Bauteile haben.

In den Fällen des Abs. 2 Nr. 4 sind an Stelle von Brandwänden feuerbeständige Wände zulässig, wenn der Brutto-Rauminhalt des land- oder forstwirtschaftlich genutzten Gebäudes oder Gebäudeteils nicht größer als 2 000 m³ ist.

(4) Brandwände müssen durchgehend und in allen Geschossen und dem Dachraum übereinander angeordnet sein. Abweichend davon dürfen an Stelle innerer Brandwände Wände geschossweise versetzt angeordnet werden, wenn

1. die Wände im Übrigen Abs. 3 Satz 1 entsprechen,

2. die Decken, soweit sie in Verbindung mit diesen Wänden stehen, feuerbeständig sind, aus nichtbrennbaren Baustoffen bestehen und keine Öffnungen haben,

3. die Bauteile, die diese Wände und Decken unterstützen, feuerbeständig sind und aus nichtbrennbaren Baustoffen bestehen,

4. die Außenwände in der Breite des Versatzes in dem Geschoss oberhalb oder unterhalb des Versatzes feuerbeständig sind und

5. Öffnungen in den Außenwänden im Bereich des Versatzes so angeordnet oder andere Vorkehrungen so getroffen sind, dass eine Brandausbreitung in andere Brandabschnitte nicht zu befürchten ist.

(5) Brandwände sind 0,30 m über die Bedachung zu führen oder in Höhe der Dachhaut mit einer beiderseits 0,50 m auskragenden feuerbeständigen Platte aus nichtbrennbaren Baustoffen abzuschließen; darüber dürfen brennbare Teile des Dachs nicht hinweggeführt werden. Bei Gebäuden der Gebäudeklassen 1 bis 3 sind Brandwände mindestens bis unter

die Dachhaut zu führen. Verbleibende Hohlräume sind vollständig mit nichtbrennbaren Baustoffen auszufüllen.

(6) Müssen Gebäude oder Gebäudeteile, die über Eck zusammenstoßen, durch eine Brandwand getrennt werden, so muss der Abstand dieser Wand von der inneren Ecke mindestens 5 m betragen; das gilt nicht, wenn der Winkel der inneren Ecke mehr als 120 Grad beträgt oder mindestens eine Außenwand auf 5 m Länge als öffnungslose feuerbeständige Wand aus nichtbrennbaren Baustoffen, bei Gebäuden der Gebäudeklassen 1 bis 4 als öffnungslose hochfeuerhemmende Wand ausgebildet ist.

(7) Bauteile mit brennbaren Baustoffen dürfen über Brandwände nicht hinweggeführt werden. Bei Außenwandkonstruktionen, die eine seitliche Brandausbreitung begünstigen können, wie hinterlüfteten Außenwandbekleidungen oder Doppelfassaden, sind gegen die Brandausbreitung im Bereich der Brandwände besondere Vorkehrungen zu treffen. Außenwandbekleidungen von Gebäudeabschlusswänden müssen einschließlich der Dämmstoffe und Unterkonstruktionen nichtbrennbar sein. Bauteile dürfen in Brandwände nur so weit eingreifen, dass deren Feuerwiderstandsfähigkeit nicht beeinträchtigt wird; für Leitungen, Leitungsschlitze und Kamine gilt dies entsprechend.

(8) Öffnungen in Brandwänden sind unzulässig. Sie sind in inneren Brandwänden nur zulässig, wenn sie auf die für die Nutzung erforderliche Zahl und Größe beschränkt sind; die Öffnungen müssen feuerbeständige, dicht- und selbstschließende Abschlüsse haben.

(9) In inneren Brandwänden sind feuerbeständige Verglasungen nur zulässig, wenn sie auf die für die Nutzung erforderliche Zahl und Größe beschränkt sind.

(10) Abs. 2 Nr. 1 gilt nicht für seitliche Wände von Vorbauten im Sinn des Art. 6 Abs. 8, wenn sie von dem Nachbargebäude oder der Nachbargrenze einen Abstand einhalten, der ihrer eigenen Ausladung entspricht, mindestens jedoch 1 m beträgt.

(11) Die Abs. 4 bis 10 gelten entsprechend auch für Wände, die an Stelle von Brandwänden zulässig sind.

Art. 29
Decken

(1) Decken müssen als tragende und raumabschließende Bauteile zwischen Geschossen im Brandfall ausreichend lang standsicher und widerstandsfähig gegen die Brandausbreitung sein. Sie müssen

1. in Gebäuden der Gebäudeklasse 5 feuerbeständig,

2. in Gebäuden der Gebäudeklasse 4 hochfeuerhemmend,

3. in Gebäuden der Gebäudeklassen 2 und 3 feuerhemmend sein. Satz 2 gilt

1. für Geschosse im Dachraum nur, wenn darüber Aufenthaltsräume möglich sind; Art. 27 Abs. 4 bleibt unberührt,

2. nicht für Balkone, ausgenommen offene Gänge, die als notwendige Flure dienen.

(2) Im Kellergeschoss müssen Decken

1. in Gebäuden der Gebäudeklassen 3 bis 5 feuerbeständig,

2. in Gebäuden der Gebäudeklassen 1 und 2 feuerhemmend sein. Decken müssen feuerbeständig sein

1. unter und über Räumen mit Explosions- oder erhöhter Brandgefahr, ausgenommen in Wohngebäuden der Gebäudeklassen 1 und 2,

2. zwischen dem land- oder forstwirtschaftlich genutzten Teil und dem Wohnteil eines Gebäudes.

(3) Der Anschluss der Decken an die Außenwand ist so herzustellen, dass er den Anforderungen aus Abs. 1 Satz 1 genügt.

(4) Öffnungen in Decken, für die eine Feuerwiderstandsfähigkeit vorgeschrieben ist, sind nur zulässig

1. in Gebäuden der Gebäudeklassen 1 und 2,

2. innerhalb derselben Nutzungseinheit mit insgesamt nicht mehr als 400 m² in nicht mehr als zwei Geschossen,

3. im Übrigen, wenn sie auf die für die Nutzung erforderliche Zahl und Größe beschränkt sind und Abschlüsse mit der Feuerwiderstandsfähigkeit der Decke haben.

Art. 30
Dächer

(1) Bedachungen müssen gegen eine Brandbeanspruchung von außen durch Flugfeuer und strahlende Wärme ausreichend lang widerstandsfähig sein (harte Bedachung).

(2) Bedachungen, die die Anforderungen nach Abs. 1 nicht erfüllen, sind zulässig bei Gebäuden der Gebäudeklassen 1 bis 3, wenn die Gebäude

1. einen Abstand von der Grundstücksgrenze von mindestens 12 m,

2. von Gebäuden auf demselben Grundstück mit harter Bedachung einen Abstand von mindestens 12 m,

3. von Gebäuden auf demselben Grundstück mit Bedachungen, die die Anforderungen nach Abs. 1 nicht erfüllen, einen Abstand von mindestens 24 m,

4. von Gebäuden auf demselben Grundstück ohne Aufenthaltsräume und ohne Feuerstätten mit nicht mehr als 50 m³ Brutto-Rauminhalt einen Abstand von mindestens 5 m einhalten. Soweit Gebäude nach Satz 1 Abstand halten müssen, genügt bei Wohngebäuden der Gebäudeklassen 1 und 2 in den Fällen

1. der Nrn. 1 und 2 ein Abstand von mindestens 9 m,

2. der Nr. 3 ein Abstand von mindestens 12 m.

(3) Die Abs. 1 und 2 gelten nicht für

1. Gebäude ohne Aufenthaltsräume und ohne Feuerstätten mit nicht mehr als 50 m³ Brutto-Rauminhalt,

2. lichtdurchlässige Bedachungen aus nichtbrennbaren Baustoffen; brennbare Fugendichtungen und brennbare Dämmstoffe in nichtbrennbaren Profilen sind zulässig,

3. Dachflächenfenster, Lichtkuppeln und Oberlichte von Wohngebäuden,

4. Eingangsüberdachungen und Vordächer aus nichtbrennbaren Baustoffen,

5. Eingangsüberdachungen aus brennbaren Baustoffen, wenn die Eingänge nur zu Wohnungen führen.

(4) Abweichend von den Abs. 1 und 2 sind

1. lichtdurchlässige Teilflächen aus brennbaren Baustoffen in Bedachungen nach Abs. 1 und

2. begrünte Bedachungen zulässig, wenn eine Brandentstehung bei einer Brandbeanspruchung von außen durch Flugfeuer und strahlende Wärme nicht zu befürchten ist oder Vorkehrungen hiergegen getroffen werden.

(5) Dachüberstände, Dachgesimse und Dachaufbauten, lichtdurchlässige Bedachungen, Dachflächenfenster, Lichtkuppeln, Oberlichte und Solaranlagen sind so anzuordnen und herzustellen, dass Feuer nicht auf andere Gebäudeteile und Nachbargrundstücke übertragen werden kann. Von Brandwänden und von Wänden, die an Stelle von Brandwänden zulässig sind, müssen mindestens 1,25 m entfernt sein

1. Dachflächenfenster, Oberlichte, Lichtkuppeln und Öffnungen in der Bedachung, wenn diese Wände nicht mindestens 0,30 m über die Bedachung geführt sind,

2. Solaranlagen, Dachgauben und ähnliche Dachaufbauten aus brennbaren Baustoffen, wenn sie nicht durch diese Wände gegen Brandübertragung geschützt sind.

(6) Dächer von traufseitig aneinandergebauten Gebäuden müssen als raumabschließende Bauteile für eine Brandbeanspruchung von innen nach außen einschließlich der sie tragenden und aussteifenden Bauteile feuerhemmend sein. Öffnungen in diesen Dachflächen müssen waagerecht gemessen mindestens 1,25 m von der Brandwand oder der Wand, die an Stelle der Brandwand zulässig ist, entfernt sein.

(7) Dächer von Anbauten, die an Außenwände mit Öffnungen oder ohne Feuerwiderstandsfähigkeit anschließen, müssen innerhalb eines Abstands von 5 m von diesen Wänden als raumabschließende Bauteile für eine Brandbeanspruchung von innen nach außen einschließlich der sie tragenden und aussteifenden Bauteile die Feuerwiderstandsfähigkeit der Decken des Gebäudeteils haben, an den sie angebaut werden. Das gilt nicht für Anbauten an Wohngebäude der Gebäudeklassen 1 bis 3.

(8) Für vom Dach aus vorzunehmende Arbeiten sind sicher benutzbare Vorrichtungen anzubringen.

Abschnitt V Rettungswege, Öffnungen, Umwehrungen

Art. 31
Erster und zweiter Rettungsweg

(1) Für Nutzungseinheiten mit mindestens einem Aufenthaltsraum wie Wohnungen, Praxen, selbstständige Betriebsstätten müssen in jedem Geschoss mindestens zwei voneinander unabhängige Rettungswege ins Freie vorhanden sein; beide Rettungswege dürfen jedoch innerhalb des Geschosses über denselben notwendigen Flur führen.

(2) Für Nutzungseinheiten nach Abs. 1, die nicht zu ebener Erde liegen, muss der erste Rettungsweg über eine notwendige Treppe führen. Der zweite Rettungsweg kann eine weitere notwendige Treppe oder eine mit Rettungsgeräten der Feuerwehr erreichbare Stelle der Nutzungseinheit sein. Ein zweiter Rettungsweg ist nicht erforderlich, wenn die Rettung über einen sicher erreichbaren Treppenraum möglich ist, in den Feuer und Rauch nicht eindringen können (Sicherheitstreppenraum).

(3) Gebäude, deren zweiter Rettungsweg über Rettungsgeräte der Feuerwehr führt und bei denen die Oberkante der Brüstung von zum Anleitern bestimmten Fenstern oder Stellen mehr als 8 m über der Geländeoberfläche liegt, dürfen nur errichtet werden, wenn die Feuerwehr über die erforderlichen Rettungsgeräte wie Hubrettungsfahrzeuge verfügt. Bei Sonderbauten ist der zweite Rettungsweg über Rettungsgeräte der Feuerwehr nur zulässig, wenn keine Bedenken wegen der Personenrettung bestehen.

Art. 32
Treppen

(1) Jedes nicht zu ebener Erde liegende Geschoss und der benutzbare Dachraum eines Gebäudes müssen über mindestens eine Treppe zugänglich sein (notwendige Treppe). Statt notwendiger Treppen sind Rampen mit flacher Neigung zulässig.

(2) Einschiebbare Treppen und Rolltreppen sind als notwendige Treppen unzulässig. In Gebäuden der Gebäudeklassen 1 und 2 sind einschiebbare Treppen und Leitern als Zugang zu einem Dachraum ohne Aufenthaltsraum zulässig.

(3) Notwendige Treppen sind in einem Zuge zu allen angeschlossenen Geschossen zu führen; sie müssen mit den Treppen zum Dachraum unmittelbar verbunden sein. Das gilt nicht für Treppen

1. in Gebäuden der Gebäudeklassen 1 bis 3,

2. nach Art. 33 Abs. 1 Satz 3 Nr. 2.

(4) Die tragenden Teile notwendiger Treppen müssen

1. in Gebäuden der Gebäudeklasse 5 feuerhemmend und aus nichtbrennbaren Baustoffen,

2. in Gebäuden der Gebäudeklasse 4 aus nichtbrennbaren Baustoffen,

3. in Gebäuden der Gebäudeklasse 3 aus nichtbrennbaren Baustoffen oder feuerhemmend

sein. Tragende Teile von Außentreppen nach Art. 33 Abs. 1 Satz 3 Nr. 3 für Gebäude der Gebäudeklassen 3 bis 5 müssen aus nichtbrennbaren Baustoffen bestehen.

(5) Die nutzbare Breite der Treppenläufe und Treppenabsätze notwendiger Treppen muss für den größten zu erwartenden Verkehr ausreichen.

(6) Treppen müssen einen festen und griffsicheren Handlauf haben. Für Treppen sind Handläufe auf beiden Seiten und bei großer nutzbarer Breite auch Zwischenhandläufe vorzusehen,

1. in Gebäuden mit mehr als zwei nicht stufenlos erreichbaren Wohnungen,

2. im Übrigen, soweit es die Verkehrssicherheit erfordert.

Art. 33
Notwendige Treppenräume, Ausgänge

(1) Jede notwendige Treppe muss zur Sicherung der Rettungswege aus den Geschossen ins Freie in einem eigenen, durchgehenden Treppenraum liegen (notwendiger Treppenraum). Notwendige Treppenräume müssen so angeordnet und ausgebildet sein, dass die Nutzung der notwendigen Treppen im Brandfall ausreichend lang möglich ist. Notwendige Treppen sind ohne eigenen Treppenraum zulässig

1. in Gebäuden der Gebäudeklassen 1 und 2,

2. für die Verbindung von höchstens zwei Geschossen innerhalb derselben Nutzungseinheit von insgesamt nicht mehr als 200 m^2, wenn in jedem Geschoss ein anderer Rettungsweg erreicht werden kann,

3. als Außentreppe, wenn ihre Nutzung ausreichend sicher ist und im Brandfall nicht gefährdet werden kann.

(2) Von jeder Stelle eines Aufenthaltsraums sowie eines Kellergeschosses muss mindestens ein Ausgang in einen notwendigen Treppenraum oder ins Freie in höchstens 35 m Entfernung erreichbar sein; das gilt nicht für land- oder forstwirtschaftlich genutzte Gebäude. Übereinanderliegende Kellergeschosse müssen jeweils mindestens zwei Ausgänge in notwendige Treppenräume oder ins Freie haben. Sind mehrere notwendige Treppenräume erforderlich, müssen sie so verteilt sein, dass sie möglichst entgegengesetzt liegen und dass die Rettungswege möglichst kurz sind.

(3) Jeder notwendige Treppenraum muss einen unmittelbaren Ausgang ins Freie haben. Sofern der Ausgang eines notwendigen Treppenraums nicht unmittelbar ins Freie führt, muss der Raum zwischen dem notwendigen Treppenraum und dem Ausgang ins Freie

1. mindestens so breit sein wie die dazugehörigen Treppenläufe,

2. Wände haben, die die Anforderungen an die Wände des Treppenraums erfüllen,

3. rauchdichte und selbstschließende Abschlüsse zu notwendigen Fluren haben und

4. ohne Öffnungen zu anderen Räumen, ausgenommen zu notwendigen Fluren, sein.

(4) Die Wände notwendiger Treppenräume müssen als raumabschließende Bauteile

1. in Gebäuden der Gebäudeklasse 5 die Bauart von Brandwänden haben,

2. in Gebäuden der Gebäudeklasse 4 auch unter zusätzlicher mechanischer Beanspruchung hochfeuerhemmend und

3. in Gebäuden der Gebäudeklasse 3 feuerhemmend sein. Dies ist nicht erforderlich für Außenwände von Treppenräumen, die aus nichtbrennbaren Baustoffen bestehen und durch andere an diese Außenwände anschließende Gebäudeteile im Brandfall nicht gefährdet werden können. Der obere Abschluss notwendiger Treppenräume muss als raumabschließendes Bauteil die Feuerwiderstandsfähigkeit der Decken des Gebäudes haben; das gilt nicht, wenn der obere Abschluss das Dach ist und die Treppenraumwände bis unter die Dachhaut reichen.

(5) In notwendigen Treppenräumen und in Räumen nach Abs. 3 Satz 2 müssen

1. Bekleidungen, Putze, Dämmstoffe, Unterdecken und Einbauten aus nichtbrennbaren Baustoffen bestehen,

2. Wände und Decken aus brennbaren Baustoffen eine Bekleidung aus nichtbrennbaren Baustoffen in ausreichender Dicke haben,

3. Bodenbeläge, ausgenommen Gleitschutzprofile, aus mindestens schwerentflammbaren Baustoffen bestehen.

(6) In notwendigen Treppenräumen müssen Öffnungen

1. zu Kellergeschossen, zu nicht ausgebauten Dachräumen, Werkstätten, Läden, Lager- und ähnlichen Räumen sowie zu sonstigen Räumen und Nutzungseinheiten mit mehr als

200 m², ausgenommen Wohnungen, mindestens feuerhemmende, rauchdichte und selbstschließende Abschlüsse,

2. zu notwendigen Fluren rauchdichte und selbstschließende Abschlüsse,

3. zu sonstigen Räumen und Nutzungseinheiten mindestens vollwandige, dicht- und selbstschließende Abschlüsse haben. Die Feuerschutz- und Rauchschutzabschlüsse dürfen lichtdurchlässige Seitenteile und Oberlichte enthalten, wenn der Abschluss insgesamt nicht breiter als 2,50 m ist.

(7) Notwendige Treppenräume müssen zu beleuchten sein. Notwendige Treppenräume ohne Fenster müssen in Gebäuden mit einer Höhe nach Art. 2 Abs. 3 Satz 2 von mehr als 13 m eine Sicherheitsbeleuchtung haben.

(8) Notwendige Treppenräume müssen belüftet und zur Unterstützung wirksamer Löscharbeiten entraucht werden können. Die Treppenräume müssen

1. in jedem oberirdischen Geschoss unmittelbar ins Freie führende Fenster mit einem freien Querschnitt von mindestens 0,50 m² haben, die geöffnet werden können, oder

2. an der obersten Stelle eine Öffnung zur Rauchableitung haben.

Im Fall des Satzes 2 Nr. 1 ist in Gebäuden mit einer Höhe nach Art. 2 Abs. 3 Satz 2 von mehr als 13 m an der obersten Stelle eine Öffnung zur Rauchableitung erforderlich. Öffnungen zur Rauchableitung nach Sätzen 2 und 3 müssen in jedem Treppenraum einen freien Querschnitt von mindestens 1 m² und Vorrichtungen zum Öffnen ihrer Abschlüsse haben, die vom Erdgeschoss sowie vom obersten Treppenabsatz aus bedient werden können.

Art. 34
Notwendige Flure, offene Gänge

(1) Flure, über die Rettungswege aus Aufenthaltsräumen oder aus Nutzungseinheiten mit Aufenthaltsräumen zu Ausgängen in notwendige Treppenräume oder ins Freie führen (notwendige Flure), müssen so angeordnet und ausgebildet sein, dass die Nutzung im Brandfall ausreichend lang möglich ist. Notwendige Flure sind nicht erforderlich

1. in Wohngebäuden der Gebäudeklassen 1 und 2,

2. in sonstigen Gebäuden der Gebäudeklassen 1 und 2, ausgenommen in Kellergeschossen,

3. innerhalb von Nutzungseinheiten mit nicht mehr als 200 m² und innerhalb von Wohnungen,

4. innerhalb von Nutzungseinheiten, die einer Büro- oder Verwaltungsnutzung dienen, mit nicht mehr als 400 m²; das gilt auch für Teile größerer Nutzungseinheiten, wenn diese Teile nicht größer als 400 m² sind, Trennwände nach Art. 27 Abs. 2 Nr. 1 haben und jeder Teil unabhängig von anderen Teilen Rettungswege nach Art. 31 Abs. 1 hat.

(2) Notwendige Flure müssen so breit sein, dass sie für den größten zu erwartenden Verkehr ausreichen. In den Fluren ist eine Folge von weniger als drei Stufen unzulässig.

(3) Notwendige Flure sind durch nichtabschließbare, rauchdichte und selbstschließende Abschlüsse in Rauchabschnitte zu unterteilen. Die Rauchabschnitte sollen nicht länger als 30 m sein. Die Abschlüsse sind bis an die Rohdecke zu führen; sie dürfen bis an die Unterdecke der Flure geführt werden, wenn die Unterdecke feuerhemmend ist. Notwendige Flure mit nur einer Fluchtrichtung, die zu einem Sicherheitstreppenraum führen, dürfen nicht länger als 15 m sein. Die Sätze 1 bis 4 gelten nicht für notwendige Flure, die als offene Gänge vor den Außenwänden angeordnet sind.

(4) Die Wände notwendiger Flure müssen als raumabschließende Bauteile feuerhemmend, in Kellergeschossen, deren tragende und aussteifende Bauteile feuerbeständig sein müssen, feuerbeständig sein. Die Wände sind bis an die Rohdecke zu führen. Sie dürfen bis an die Unterdecke der Flure geführt werden, wenn die Unterdecke feuerhemmend und ein demjenigen nach Satz 1 vergleichbarer Raumabschluss sichergestellt ist. Türen in diesen Wänden müssen dicht schließen; Öffnungen zu Lagerbereichen im Kellergeschoss müssen feuerhemmende, dicht- und selbstschließende Abschlüsse haben.

(5) Für Wände und Brüstungen notwendiger Flure mit nur einer Fluchtrichtung, die als offene Gänge vor den Außenwänden angeordnet sind, gilt Abs. 4 entsprechend. Fenster sind in diesen Außenwänden ab einer Brüstungshöhe von 0,90 m zulässig.

(6) In notwendigen Fluren sowie in offenen Gängen nach Abs. 5 müssen

1. Bekleidungen, Putze, Unterdecken und Dämmstoffe aus nichtbrennbaren Baustoffen bestehen,

2. Wände und Decken aus brennbaren Baustoffen eine Bekleidung aus nichtbrennbaren Baustoffen in ausreichender Dicke haben.

Art. 35

Fenster, Türen, sonstige Öffnungen

(1) Glastüren und andere Glasflächen, die bis zum Fußboden allgemein zugänglicher Verkehrsflächen herabreichen, sind so zu kennzeichnen, dass sie leicht erkannt werden können. Weitere Schutzmaßnahmen sind für größere Glasflächen vorzusehen, wenn dies die Verkehrssicherheit erfordert.

(2) Eingangstüren von Wohnungen, die über Aufzüge erreichbar sein müssen, müssen eine lichte Durchgangsbreite von mindestens 0,90 m haben.

(3) Jedes Kellergeschoss ohne Fenster muss mindestens eine Öffnung ins Freie haben, um eine Rauchableitung zu ermöglichen. Gemeinsame Kellerlichtschächte für übereinander liegende Kellergeschosse sind unzulässig.

(4) Fenster, die als Rettungswege nach Art. 31 Abs. 2 Satz 2 dienen, müssen in der Breite mindestens 0,60 m, in der Höhe mindestens 1 m groß, von innen zu öffnen und nicht höher als 1,20 m über der Fußbodenoberkante angeordnet sein. Liegen diese Fenster in Dachschrägen oder Dachaufbauten, so darf ihre Unterkante oder ein davor liegender Austritt von der Traufkante horizontal gemessen nicht mehr als 1 m entfernt sein.

Art. 36
Umwehrungen

(1) In, an und auf baulichen Anlagen sind zu umwehren

1. Flächen, die im Allgemeinen zum Begehen bestimmt sind und unmittelbar an mehr als 0,50 m tiefer liegende Flächen angrenzen; das gilt nicht, wenn die Umwehrung dem Zweck der Flächen widerspricht,

2. Dächer, die zum Aufenthalt von Menschen bestimmt sind, sowie Öffnungen und nicht begehbare Flächen in diesen Dächern und in begehbaren Decken, soweit sie nicht sicher abgedeckt oder gegen Betreten gesichert sind,

3. die freien Seiten von Treppenläufen, Treppenabsätzen und Treppenöffnungen (Treppenaugen); Fenster, die unmittelbar an Treppen und deren Brüstungen unter der notwendigen Umwehrungshöhe liegen, sind zu sichern.

(2) Die Umwehrungen müssen ausreichend hoch und fest sein. Ist mit der Anwesenheit unbeaufsichtigter Kleinkinder auf der zu sichernden Fläche üblicherweise zu rechnen, müssen Umwehrungen so ausgebildet werden, dass sie Kleinkindern das Über- oder

Durchklettern nicht erleichtern; das gilt nicht innerhalb von Wohngebäuden der Gebäudeklassen 1 und 2 und innerhalb von Wohnungen.

Abschnitt VI Technische Gebäudeausrüstung

Art. 37
Aufzüge

(1) Aufzüge im Innern von Gebäuden müssen eigene Fahrschächte haben, um eine Brandausbreitung in andere Geschosse ausreichend lang zu verhindern. In einem Fahrschacht dürfen bis zu drei Aufzüge liegen. Aufzüge ohne eigene Fahrschächte sind zulässig

1. innerhalb eines notwendigen Treppenraums, ausgenommen in Hochhäusern,

2. innerhalb von Räumen, die Geschosse überbrücken,

3. zur Verbindung von Geschossen, die offen miteinander in Verbindung stehen dürfen,

4. in Gebäuden der Gebäudeklassen 1 und 2; sie müssen sicher umkleidet sein.

(2) Die Fahrschachtwände müssen als raumabschließende Bauteile

1. in Gebäuden der Gebäudeklasse 5 feuerbeständig und aus nichtbrennbaren Baustoffen,

2. in Gebäuden der Gebäudeklasse 4 hochfeuerhemmend,

3. in Gebäuden der Gebäudeklasse 3 feuerhemmend sein; Fahrschachtwände aus brennbaren Baustoffen müssen schachtseitig eine Bekleidung aus nichtbrennbaren Baustoffen in ausreichender Dicke haben. Fahrschachttüren und andere Öffnungen in Fahrschachtwänden mit erforderlicher Feuerwiderstandsfähigkeit sind so herzustellen, dass die Anforderungen nach Abs. 1 Satz 1 nicht beeinträchtigt werden.

(3) Fahrschächte müssen zu lüften sein und eine Öffnung zur Rauchableitung mit einem freien Querschnitt von mindestens 2,5 v. H. der Fahrschachtgrundfläche, mindestens jedoch 0,10 m² haben. Diese Öffnung darf einen Abschluss haben, der im Brandfall selbsttätig öffnet und von mindestens einer geeigneten Stelle aus bedient werden kann. Die Lage der Rauchaustrittsöffnungen muss so gewählt werden, dass der Rauchaustritt durch Windeinfluss nicht beeinträchtigt wird.

(4) Gebäude mit einer Höhe nach Art. 2 Abs. 3 Satz 2 von mehr als 13 m müssen Aufzüge in ausreichender Zahl haben. Von diesen Aufzügen muss mindestens ein Aufzug

Kinderwagen, Rollstühle, Krankentragen und Lasten aufnehmen können und Haltestellen in allen Geschossen haben. Dieser Aufzug muss von allen Wohnungen in dem Gebäude und von der öffentlichen Verkehrsfläche aus stufenlos erreichbar sein. Haltestellen im obersten Geschoss, im Erdgeschoss und in den Kellergeschossen sind nicht erforderlich, wenn sie nur unter besonderen Schwierigkeiten hergestellt werden können.

(5) Fahrkörbe zur Aufnahme einer Krankentrage müssen eine nutzbare Grundfläche von mindestens 1,10 m x 2,10 m, zur Aufnahme eines Rollstuhls von mindestens 1,10 m x 1,40 m haben; Türen müssen eine lichte Durchgangsbreite von mindestens 0,90 m haben. In einem Aufzug für Rollstühle und Krankentragen darf der für Rollstühle nicht erforderliche Teil der Fahrkorbgrundfläche durch eine verschließbare Tür abgesperrt werden. Vor den Aufzügen muss eine ausreichende Bewegungsfläche vorhanden sein.

Art. 38
Leitungsanlagen, Installationsschächte und -kanäle

(1) Leitungen dürfen durch raumabschließende Bauteile, für die eine Feuerwiderstandsfähigkeit vorgeschrieben ist, nur hindurchgeführt werden, wenn eine Brandausbreitung ausreichend lang nicht zu befürchten ist oder Vorkehrungen hiergegen getroffen sind; das gilt nicht

1. innerhalb von Gebäuden der Gebäudeklassen 1 und 2,

2. innerhalb von Wohnungen,

3. innerhalb derselben Nutzungseinheit mit insgesamt nicht mehr als 400 m² in nicht mehr als zwei Geschossen.

(2) In notwendigen Treppenräumen, in Räumen nach Art. 33 Abs. 3 Satz 2 und in notwendigen Fluren sind Leitungsanlagen nur zulässig, wenn eine Nutzung als Rettungsweg im Brandfall ausreichend lang möglich ist.

(3) Für Installationsschächte und -kanäle gelten Abs. 1 sowie Art. 39 Abs. 2 Satz 1 und Abs. 3 entsprechend.

Art. 39
Lüftungsanlagen

(1) Lüftungsanlagen müssen betriebssicher und brandsicher sein; sie dürfen den ordnungsgemäßen Betrieb von Feuerungsanlagen nicht beeinträchtigen.

(2) Lüftungsleitungen sowie deren Bekleidungen und Dämmstoffe müssen aus nichtbrennbaren Baustoffen bestehen; brennbare Baustoffe sind zulässig, wenn ein Beitrag der Lüftungsleitung zur Brandentstehung und Brandweiterleitung nicht zu befürchten ist. Lüftungsleitungen dürfen raumabschließende Bauteile, für die eine Feuerwiderstandsfähigkeit vorgeschrieben ist, nur überbrücken, wenn eine Brandausbreitung ausreichend lang nicht zu befürchten ist oder wenn Vorkehrungen hiergegen getroffen sind.

(3) Lüftungsanlagen sind so herzustellen, dass sie Gerüche und Staub nicht in andere Räume übertragen.

(4) Lüftungsanlagen dürfen nicht in Abgasanlagen eingeführt werden; die gemeinsame Nutzung von Lüftungsleitungen zur Lüftung und zur Ableitung der Abgase von Feuerstätten ist zulässig, wenn keine Bedenken wegen der Betriebssicherheit und des Brandschutzes bestehen. Die Abluft ist ins Freie zu führen. Nicht zur Lüftungsanlage gehörende Einrichtungen sind in Lüftungsleitungen unzulässig.

(5) Die Abs. 2 und 3 gelten nicht

1. innerhalb von Gebäuden der Gebäudeklassen 1 und 2,

2. innerhalb von Wohnungen,

3. innerhalb derselben Nutzungseinheit mit insgesamt nicht mehr als 400 m² in nicht mehr als zwei Geschossen.

(6) Für raumlufttechnische Anlagen und Warmluftheizungen gelten die Abs. 1 bis 5 entsprechend.

Art. 40
Feuerungsanlagen, sonstige Anlagen zur Wärmeerzeugung, Brennstoffversorgung

(1) Feuerstätten und Abgasanlagen (Feuerungsanlagen) müssen betriebssicher und brandsicher sein.

(2) Feuerstätten dürfen in Räumen nur aufgestellt werden, wenn nach der Art der Feuerstätte und nach Lage, Größe, baulicher Beschaffenheit und Nutzung der Räume Gefahren nicht entstehen.

(3) Abgase von Feuerstätten sind durch Abgasleitungen, Kamine und Verbindungsstücke (Abgasanlagen) so abzuführen, dass keine Gefahren oder unzumutbaren Belästigungen entstehen. Abgasanlagen sind in solcher Zahl und Lage und so herzustellen, dass die Feuerstätten des Gebäudes ordnungsgemäß angeschlossen werden können. Sie müssen leicht gereinigt werden können.

(4) Behälter und Rohrleitungen für brennbare Gase und Flüssigkeiten müssen betriebssicher und brandsicher sein. Diese Behälter sowie feste Brennstoffe sind so aufzustellen oder zu lagern, dass keine Gefahren oder unzumutbaren Belästigungen entstehen.

(5) Für die Aufstellung von ortsfesten Verbrennungsmotoren, Blockheizkraftwerken, Brennstoffzellen und Verdichtern sowie die Ableitung ihrer Verbrennungsgase gelten die Abs. 1 bis 3 entsprechend.

Art. 41
Nicht durch Sammelkanalisation erschlossene Anwesen

(1) Die einwandfreie Beseitigung des Abwassers einschließlich des Fäkalschlamms innerhalb und außerhalb des Grundstücks muss gesichert sein.

(2) Hausabwässer aus abgelegenen landwirtschaftlichen Anwesen oder abgelegenen Anwesen, die früher einem landwirtschaftlichen Betrieb dienten und deren Hausabwässer bereits in Gruben eingeleitet worden sind, dürfen in Gruben eingeleitet werden, wenn

1. das Abwasser in einer Mehrkammerausfaulgrube vorbehandelt wird und

2. die ordnungsgemäße Entsorgung oder Verwertung des geklärten Abwassers und des Fäkalschlamms gesichert ist.

(3) Für die Einleitung von Hausabwässern aus abgelegenen landwirtschaftlichen Anwesen in Biogasanlagen gilt Abs. 2 entsprechend. Die Vorbehandlung in einer Mehrkammerausfaulgrube ist nicht erforderlich, wenn durch den Betrieb der Biogasanlage eine gleichwertige Hygienisierung sichergestellt ist.

Art. 42
Sanitäre Anlagen

Fensterlose Bäder und Toiletten sind nur zulässig, wenn eine wirksame Lüftung gewährleistet ist.

Art. 43
Aufbewahrung fester Abfallstoffe

Feste Abfallstoffe dürfen innerhalb von Gebäuden vorübergehend aufbewahrt werden, in Gebäuden der Gebäudeklassen 3 bis 5 jedoch nur, wenn die dafür bestimmten Räume

1. Trennwände und Decken als raumabschließende Bauteile mit der Feuerwiderstandsfähigkeit der tragenden Wände und

2. Öffnungen vom Gebäudeinnern zum Aufstellraum mit feuerhemmenden, dicht- und selbstschließenden Abschlüssen haben,

3. unmittelbar vom Freien entleert werden können und

4. eine ständig wirksame Lüftung haben.

Art. 44
Blitzschutzanlagen

Bauliche Anlagen, bei denen nach Lage, Bauart oder Nutzung Blitzschlag leicht eintreten oder zu schweren Folgen führen kann, sind mit dauernd wirksamen Blitzschutzanlagen zu versehen.

Abschnitt VII Nutzungsbedingte Anforderungen

Art. 45
Aufenthaltsräume

(1) Aufenthaltsräume müssen eine lichte Raumhöhe von mindestens 2,40 m, im Dachgeschoss über der Hälfte ihrer Nutzfläche 2,20 m haben, wobei Raumteile mit einer lichten Höhe unter 1,50 m außer Betracht bleiben. Das gilt nicht für Aufenthaltsräume in Wohngebäuden der Gebäudeklassen 1 und 2.

(2) Aufenthaltsräume müssen ausreichend belüftet und mit Tageslicht belichtet werden können. Sie müssen Fenster mit einem Rohbaumaß der Fensteröffnungen von mindestens einem Achtel der Netto-Grundfläche des Raums einschließlich der Netto-Grundfläche verglaster Vorbauten und Loggien haben.

(3) Aufenthaltsräume, deren Nutzung eine Belichtung mit Tageslicht verbietet, sowie Verkaufsräume, Schank- und Speisegaststätten, ärztliche Behandlungs-, Sport-, Spiel-, Werk- und ähnliche Räume sind ohne Fenster zulässig.

Art. 46
Wohnungen

(1) Jede Wohnung muss eine Küche oder Kochnische haben. Fensterlose Küchen oder Kochnischen sind zulässig, wenn eine wirksame Lüftung gewährleistet ist.

(2) Für Gebäude der Gebäudeklassen 3 bis 5 sind für jede Wohnung ein ausreichend großer Abstellraum und, soweit die Wohnungen nicht nur zu ebener Erde liegen, leicht erreichbare und gut zugängliche Abstellräume für Kinderwagen, Fahrräder und Mobilitätshilfen erforderlich.

(3) Jede Wohnung muss ein Bad mit Badewanne oder Dusche und eine Toilette haben.

(4) In Wohnungen müssen Schlafräume und Kinderzimmer sowie Flure, die zu Aufenthaltsräumen führen, jeweils mindestens einen Rauchwarnmelder haben. Die Rauchwarnmelder müssen so eingebaut oder angebracht und betrieben werden, dass Brandrauch frühzeitig erkannt und gemeldet wird. Die Eigentümer vorhandener Wohnungen sind verpflichtet, jede Wohnung bis zum 31. Dezember 2017 entsprechend auszustatten. Die Sicherstellung der Betriebsbereitschaft obliegt den unmittelbaren Besitzern, es sei denn, der Eigentümer übernimmt diese Verpflichtung selbst.

Art. 47
Stellplätze, Verordnungsermächtigung

(1) Werden Anlagen errichtet, bei denen ein Zu- oder Abfahrtsverkehr zu erwarten ist, sind Stellplätze in ausreichender Zahl und Größe und in geeigneter Beschaffenheit herzustellen. Bei Änderungen oder Nutzungsänderungen von Anlagen sind Stellplätze in solcher Zahl und Größe herzustellen, dass die Stellplätze die durch die Änderung zusätzlich zu erwartenden Kraftfahrzeuge aufnehmen können. Das gilt nicht, wenn sonst die Schaffung oder Erneuerung von Wohnraum auch unter Berücksichtigung der Möglichkeit einer Ablösung nach Abs. 3 Nr. 3 erheblich erschwert oder verhindert würde.

(2) Die Zahl der notwendigen Stellplätze nach Abs. 1 Satz 1 legt das Staatsministerium des Innern, für Bau und Verkehr durch Rechtsverordnung fest. Wird die Zahl der notwendigen Stellplätze durch eine örtliche Bauvorschrift oder eine städtebauliche Satzung festgelegt, ist diese Zahl maßgeblich.

(3) Die Stellplatzpflicht kann erfüllt werden durch

1. Herstellung der notwendigen Stellplätze auf dem Baugrundstück,

2. Herstellung der notwendigen Stellplätze auf einem geeigneten Grundstück in der Nähe des Baugrundstücks, wenn dessen Benutzung für diesen Zweck gegenüber dem Rechtsträger der Bauaufsichtsbehörde rechtlich gesichert ist, oder

3. Übernahme der Kosten für die Herstellung der notwendigen Stellplätze durch den Bauherrn gegenüber der Gemeinde (Ablösungsvertrag).

(4) Die Gemeinde hat den Geldbetrag für die Ablösung notwendiger Stellplätze zu verwenden für

1. die Herstellung zusätzlicher oder die Instandhaltung, die Instandsetzung oder die Modernisierung bestehender Parkeinrichtungen einschließlich der Ausstattung mit Elektroladestationen,

2. den Bau und die Einrichtung von innerörtlichen Radverkehrsanlagen, die Schaffung von öffentlichen Fahrradabstellplätzen und gemeindlichen Mietfahrradanlagen einschließlich der Ausstattung mit Elektroladestationen,

3. sonstige Maßnahmen zur Entlastung der Straßen vom ruhenden Verkehr einschließlich investiver Maßnahmen des öffentlichen Personennahverkehrs.

Art. 48
Barrierefreies Bauen

(1) In Gebäuden mit mehr als zwei Wohnungen müssen die Wohnungen eines Geschosses barrierefrei erreichbar sein; diese Verpflichtung kann auch durch barrierefrei erreichbare Wohnungen in mehreren Geschossen erfüllt werden. In Gebäuden mit mehr als zwei Wohnungen und mit nach Art. 37 Abs. 4 Satz 1 erforderlichen Aufzügen muss ein Drittel der Wohnungen barrierefrei erreichbar sein. In den Wohnungen nach den Sätzen 1 und 2 müssen die Wohn- und Schlafräume, eine Toilette, ein Bad, die Küche oder Kochnische sowie der Raum mit Anschlussmöglichkeit für eine Waschmaschine barrierefrei sein. Art. 32 Abs. 6 Satz 2, Art. 35 Abs. 2 und Art. 37 Abs. 4 und 5 bleiben unberührt.

(2) Bauliche Anlagen, die öffentlich zugänglich sind, müssen in den dem allgemeinen Besucher- und Benutzerverkehr dienenden Teilen barrierefrei sein. Dies gilt insbesondere für

1. Einrichtungen der Kultur und des Bildungswesens,

2. Tageseinrichtungen für Kinder,

3. Sport- und Freizeitstätten,

4. Einrichtungen des Gesundheitswesens,

5. Büro-, Verwaltungs- und Gerichtsgebäude,

6. Verkaufsstätten,

7. Gaststätten, die keiner gaststättenrechtlichen Erlaubnis bedürfen,

8. Beherbergungsstätten,

9. Stellplätze, Garagen und Toilettenanlagen.

Für die der zweckentsprechenden Nutzung dienenden Räume und Anlagen genügt es, wenn sie in dem erforderlichen Umfang barrierefrei sind. Toilettenräume und notwendige Stellplätze für Besucher und Benutzer müssen in der erforderlichen Anzahl barrierefrei sein. Diese Anforderungen gelten nicht bei Nutzungsänderungen, wenn die Anforderungen nur mit unverhältnismäßigem Aufwand erfüllt werden können. Die Anforderungen an Gaststätten, die einer gaststättenrechtlichen Erlaubnis bedürfen, sind im Rahmen des gaststättenrechtlichen Erlaubnisverfahrens zu beachten.

(3) Bauliche Anlagen und Einrichtungen, die überwiegend oder ausschließlich von Menschen mit Behinderung, alten Menschen und Personen mit Kleinkindern genutzt werden, wie

1. Tagesstätten, Werkstätten und stationäre Einrichtungen für Menschen mit Behinderung,

2. stationäre Einrichtungen für pflegebedürftige und alte Menschen müssen in allen der zweckentsprechenden Nutzung dienenden Teilen barrierefrei sein.

(4) Die Abs. 1 bis 3 gelten nicht, soweit die Anforderungen wegen schwieriger Geländeverhältnisse, wegen ungünstiger vorhandener Bebauung oder im Hinblick auf die Sicherheit der Menschen mit Behinderung oder alten Menschen oder bei Anlagen nach Abs. 1 auch wegen des Einbaus eines sonst nicht erforderlichen Aufzugs nur mit einem unverhältnismäßigen Mehraufwand erfüllt werden können. Bei bestehenden baulichen Anlagen im Sinn der Abs. 2 und 3 soll die Bauaufsichtsbehörde verlangen, dass ein gleichwertiger Zustand hergestellt wird, wenn das technisch möglich und dem Eigentümer wirtschaftlich zumutbar ist.

Vierter Teil Die am Bau Beteiligten

Art. 49
Grundpflichten

Bei der Errichtung, Änderung, Nutzungsänderung und der Beseitigung von Anlagen sind der Bauherr und im Rahmen ihres Wirkungskreises die anderen am Bau Beteiligten dafür verantwortlich, dass die öffentlich-rechtlichen Vorschriften eingehalten werden.

Art. 50
Bauherr

(1) Der Bauherr hat zur Vorbereitung, Überwachung und Ausführung eines nicht verfahrensfreien Bauvorhabens sowie der Beseitigung von Anlagen geeignete Beteiligte nach Maßgabe der Art. 51 und 52 zu bestellen, soweit er nicht selbst zur Erfüllung der Verpflichtungen nach diesen Vorschriften geeignet ist. Dem Bauherrn obliegen außerdem die nach den öffentlich-rechtlichen Vorschriften erforderlichen Anträge und Anzeigen. Erforderliche Nachweise und Unterlagen hat er bereitzuhalten. Werden Bauprodukte verwendet, die die CE-Kennzeichnung nach der Verordnung (EU) Nr. 305/2011 tragen, ist die Leistungserklärung bereitzuhalten. Wechselt der Bauherr, hat der neue Bauherr dies der Bauaufsichtsbehörde unverzüglich schriftlich mitzuteilen.

(2) Treten bei einem Bauvorhaben mehrere Personen als Bauherr auf, so kann die Bauaufsichtsbehörde verlangen, dass ihr gegenüber ein Vertreter bestellt wird, der die dem Bauherrn nach den öffentlich-rechtlichen Vorschriften obliegenden Verpflichtungen zu erfüllen hat. Im Übrigen finden Art. 18 Abs. 1 Sätze 2 und 3 sowie Abs. 2 BayVwVfG entsprechende Anwendung.

Art. 51
Entwurfsverfasser

(1) Der Entwurfsverfasser muss nach Sachkunde und Erfahrung zur Vorbereitung des jeweiligen Bauvorhabens geeignet sein. Er ist für die Vollständigkeit und Brauchbarkeit seines Entwurfs verantwortlich. Der Entwurfsverfasser hat dafür zu sorgen, dass die für die Ausführung notwendigen Einzelzeichnungen, Einzelberechnungen und Anweisungen den öffentlich-rechtlichen Vorschriften entsprechen.

(2) Hat der Entwurfsverfasser auf einzelnen Fachgebieten nicht die erforderliche Sachkunde und Erfahrung, so hat er den Bauherrn zu veranlassen, geeignete Fachplaner heranzuziehen. Diese sind für die von ihnen gefertigten Unterlagen, die sie zu unterzeichnen haben, verantwortlich. Für das ordnungsgemäße Ineinandergreifen aller Fachplanungen bleibt der Entwurfsverfasser verantwortlich.

Art. 52
Unternehmer

(1) Jeder Unternehmer ist für die mit den öffentlich-rechtlichen Anforderungen übereinstimmende Ausführung der von ihm übernommenen Arbeiten und insoweit für die ordnungsgemäße Einrichtung und den sicheren Betrieb der Baustelle verantwortlich. Erforderliche Nachweise und Unterlagen hat er zu erbringen und auf der Baustelle bereitzuhalten. Werden Bauprodukte verwendet, die die CE-Kennzeichnung nach der Verordnung (EU) Nr. 305/2011 tragen, ist die Leistungserklärung bereitzuhalten.

(2) Jeder Unternehmer hat auf Verlangen der Bauaufsichtsbehörde für Arbeiten, bei denen die Sicherheit der Anlage in außergewöhnlichem Maße von der besonderen Sachkenntnis und Erfahrung des Unternehmers oder von einer Ausstattung des Unternehmens mit besonderen Vorrichtungen abhängt, nachzuweisen, dass er für diese Arbeiten geeignet ist und über die erforderlichen Vorrichtungen verfügt.

Fünfter Teil Bauaufsichtsbehörden, Verfahren

Abschnitt I Bauaufsichtsbehörden

Art. 53
Aufbau und Zuständigkeit der Bauaufsichtsbehörden, Verordnungsermächtigung

(1) Untere Bauaufsichtsbehörden sind die Kreisverwaltungsbehörden, höhere Bauaufsichtsbehörden sind die Regierungen, oberste Bauaufsichtsbehörde ist das Staatsministerium des Innern, für Bau und Verkehr. Für den Vollzug dieses Gesetzes sowie anderer öffentlich-rechtlicher Vorschriften für die Errichtung, Änderung, Nutzungsänderung und Beseitigung sowie die Nutzung und Instandhaltung von Anlagen ist die untere Bauaufsichtsbehörde zuständig, soweit nichts anderes bestimmt ist.

(2) Das Staatsministerium des Innern, für Bau und Verkehr überträgt leistungsfähigen kreisangehörigen Gemeinden auf Antrag durch Rechtsverordnung

1. alle Aufgaben der unteren Bauaufsichtsbehörde oder

2. Aufgaben der unteren Bauaufsichtsbehörde für

a) Wohngebäude der Gebäudeklassen 1 bis 3,

b) Gebäude der Gebäudeklassen 1 bis 3, die neben einer Wohnnutzung teilweise oder ausschließlich freiberuflich oder gewerblich im Sinn des § 13 der Baunutzungsverordnung (BauNVO) genutzt werden, einschließlich ihrer jeweiligen Nebengebäude und Nebenanlagen im Geltungsbereich von Bebauungsplänen im Sinn der §§ 12, 30 Abs. 1 und 2 BauGB.

Das Staatsministerium des Innern, für Bau und Verkehr kann die Rechtsverordnung nach Satz 1 auf Antrag der Gemeinde aufheben. Die Rechtsverordnung ist aufzuheben, wenn die Voraussetzungen für ihren Erlass nach Satz 1 und Abs. 3 Sätze 1 bis 4 nicht vorgelegen haben oder nicht mehr vorliegen. Werden Aufgaben der unteren Bauaufsichtsbehörde nach Satz 1 übertragen, ist für die Entscheidung über Anträge nach Art. 63 Abs. 2 Satz 2, Art. 64 Abs. 1 Satz 1, Art. 70 Satz 1 und Art. 71 Satz 1 als untere Bauaufsichtsbehörde diejenige Behörde zuständig, die zum Zeitpunkt des Eingangs des Antrags bei der Gemeinde zuständig war; das gilt entsprechend bei der Erhebung einer Gemeinde zur

Großen Kreisstadt. Die Aufhebung eines Verwaltungsakts der unteren Bauaufsichtsbehörde kann nicht allein deshalb beansprucht werden, weil er unter Verletzung von Vorschriften über die sachliche Zuständigkeit zustande gekommen ist, wenn diese Verletzung darauf beruht, dass eine sachliche Zuständigkeit nach Satz 1 Nr. 2 wegen Unwirksamkeit des zugrunde liegenden Bebauungsplans nicht begründet war; das gilt nicht, wenn zum Zeitpunkt der Entscheidung der unteren Bauaufsichtsbehörde die Unwirksamkeit des Bebauungsplans gemäß § 47 Abs. 5 Satz 2 der Verwaltungsgerichtsordnung (VwGO) rechtskräftig festgestellt war. Art. 46 BayVwVfG bleibt unberührt.

(3) Die Bauaufsichtsbehörden sind für ihre Aufgaben ausreichend mit geeigneten Fachkräften zu besetzen. Den unteren Bauaufsichtsbehörden müssen

1. Beamte in der Fachlaufbahn Verwaltung und Finanzen, fachlicher Schwerpunkt nichttechnischer Verwaltungsdienst,

2. Beamte in der Fachlaufbahn Naturwissenschaft und Technik, fachlicher Schwerpunkt bautechnischer und umweltfachlicher Verwaltungsdienst, mit besonderen Kenntnissen im Hochbau oder Städtebau angehören, die jeweils mindestens ein Amt der Besoldungsgruppe A 13 innehaben und für ein Amt ab der Besoldungsgruppe A 14 qualifiziert sind. An Stelle von Beamten im Sinn des Satzes 2 Nr. 2 können auch Beamte, die mindestens ein Amt der Besoldungsgruppe A 9 in der Fachlaufbahn Naturwissenschaft und Technik, fachlicher Schwerpunkt bautechnischer und umweltfachlicher Verwaltungsdienst, innehaben und für ein Amt ab der Besoldungsgruppe A 10 qualifiziert sind, beschäftigt werden, wenn sie über eine langjährige Berufserfahrung im Aufgabenbereich des leitenden bautechnischen Mitarbeiters der unteren Bauaufsichtsbehörde verfügen und sich in diesem Aufgabenbereich bewährt haben; in begründeten Ausnahmefällen, insbesondere wenn geeignete Beamte des bautechnischen Verwaltungsdienstes nicht gewonnen werden können, dürfen an Stelle von Beamten auch vergleichbar qualifizierte Arbeitnehmer beschäftigt werden. In Gemeinden, denen nach Abs. 2 Satz 1 Nr. 2 Aufgaben der unteren Bauaufsichtsbehörde übertragen worden sind, genügt es, dass an Stelle von Beamten im Sinn des Satzes 2 Nr. 1 Beamte, die mindestens ein Amt der Besoldungsgruppe A 9 in der Fachlaufbahn Verwaltung und Finanzen, fachlicher Schwerpunkt nichttechnischer Verwaltungsdienst, innehaben und für ein Amt ab der Besoldungsgruppe A 10 qualifiziert sind, an Stelle von Beamten im Sinn des Satzes 2 Nr. 2 auch sonstige Bedienstete, beschäftigt werden, die mindestens einen Fachhochschulabschluss der Fachrichtung

Hochbau, Städtebau oder konstruktiver Ingenieurbau erworben haben. Das bautechnische Personal und die notwendigen Hilfskräfte bei den Landratsämtern sind von den Landkreisen anzustellen.

Art. 54
Aufgaben und Befugnisse der Bauaufsichtsbehörden

(1) Die Aufgaben der Bauaufsichtsbehörden sind Staatsaufgaben; für die Gemeinden sind sie übertragene Aufgaben.

(2) Die Bauaufsichtsbehörden haben bei der Errichtung, Änderung, Nutzungsänderung und Beseitigung sowie bei der Nutzung und Instandhaltung von Anlagen darüber zu wachen, dass die öffentlich-rechtlichen Vorschriften und die auf Grund dieser Vorschriften erlassenen Anordnungen eingehalten werden, soweit nicht andere Behörden zuständig sind. Sie können in Wahrnehmung dieser Aufgaben die erforderlichen Maßnahmen treffen; sie sind berechtigt, die Vorlage von Bescheinigungen von Prüfsachverständigen zu verlangen. Bauaufsichtliche Genehmigungen, Vorbescheide und sonstige Maßnahmen gelten auch für und gegen die Rechtsnachfolger; das gilt auch für Personen, die ein Besitzrecht nach Erteilung einer bauaufsichtlichen Genehmigung, eines Vorbescheids oder nach Erlass einer bauaufsichtlichen Maßnahme erlangt haben. Die mit dem Vollzug dieses Gesetzes beauftragten Personen sind berechtigt, in Ausübung ihres Amtes Grundstücke und Anlagen einschließlich der Wohnungen zu betreten; das Grundrecht der Unverletzlichkeit der Wohnung (Art. 13 des Grundgesetzes, Art. 106 Abs. 3 der Verfassung) wird insoweit eingeschränkt.

(3) Soweit die Vorschriften des Zweiten und des Dritten Teils mit Ausnahme der Art. 8 und 9 und die auf Grund dieses Gesetzes erlassenen Vorschriften nicht ausreichen, um die Anforderungen nach Art. 3 zu erfüllen, können die Bauaufsichtsbehörden im Einzelfall weitergehende Anforderungen stellen, um erhebliche Gefahren abzuwehren, bei Sonderbauten auch zur Abwehr von Nachteilen; dies gilt nicht für Sonderbauten, soweit für sie eine Verordnung nach Art. 80 Abs. 1 Nr. 4 erlassen worden ist. Die Anforderungen des Satzes 1 Halbsatz 1 gelten nicht für Sonderbauten, wenn ihre Erfüllung wegen der besonderen Art oder Nutzung oder wegen anderer besonderer Anforderungen nicht erforderlich ist.

(4) Bei bestandsgeschützten baulichen Anlagen können Anforderungen gestellt werden, wenn das zur Abwehr von erheblichen Gefahren für Leben und Gesundheit notwendig ist.

(5) Werden bestehende bauliche Anlagen wesentlich geändert, so kann angeordnet werden, dass auch die von der Änderung nicht berührten Teile dieser baulichen Anlagen mit diesem Gesetz oder den auf Grund dieses Gesetzes erlassenen Vorschriften in Einklang gebracht werden, wenn das aus Gründen des Art. 3 Satz 1 erforderlich und dem Bauherrn wirtschaftlich zumutbar ist und diese Teile mit den Teilen, die geändert werden sollen, in einem konstruktiven Zusammenhang stehen oder mit ihnen unmittelbar verbunden sind.

(6) Bei Modernisierungsvorhaben soll von der Anwendung des Abs. 5 abgesehen werden, wenn sonst die Modernisierung erheblich erschwert würde.

Abschnitt II Genehmigungspflicht, Genehmigungsfreiheit

Art. 55
Grundsatz

(1) Die Errichtung, Änderung und Nutzungsänderung von Anlagen bedürfen der Baugenehmigung, soweit in Art. 56 bis 58, 72 und 73 nichts anderes bestimmt ist.

(2) Die Genehmigungsfreiheit nach Art. 56 bis 58, 72 und 73 Abs. 1 Satz 3 sowie die Beschränkung der bauaufsichtlichen Prüfung nach Art. 59, 60, 62a Abs. 2 und 3, 62b Abs. 2 und Art. 73 Abs. 2 entbinden nicht von der Verpflichtung zur Einhaltung der Anforderungen, die durch öffentlich-rechtliche Vorschriften an Anlagen gestellt werden, und lassen die bauaufsichtlichen Eingriffsbefugnisse unberührt.

Art. 56
Vorrang anderer Gestattungsverfahren

Keiner Baugenehmigung, Abweichung, Genehmigungsfreistellung, Zustimmung und Bauüberwachung nach diesem Gesetz bedürfen

1. nach anderen Rechtsvorschriften zulassungsbedürftige Anlagen in oder an oberirdischen Gewässern und Anlagen, die dem Ausbau, der Unterhaltung oder der Benutzung eines Gewässers dienen oder als solche gelten, ausgenommen Gebäude, Überbrückungen, Lager-, Camping- und Wochenendplätze,

2. Anlagen, die einer Genehmigung nach dem Bayerischen Abgrabungsgesetz bedürfen,

3. nach anderen Rechtsvorschriften zulassungsbedürftige Anlagen für die öffentliche Versorgung mit Elektrizität, Gas, Wärme, Wasser und für die öffentliche Verwertung oder Entsorgung von Abwässern, ausgenommen oberirdische Anlagen mit einem Brutto-Rauminhalt von mehr als 100 m³, Gebäude und Überbrückungen,

4. nichtöffentliche Eisenbahnen, nichtöffentliche Seilbahnen und sonstige Bahnen besonderer Bauart, auf die die Vorschriften über fliegende Bauten keine Anwendung finden, im Sinn des Bayerischen Eisenbahn- und Seilbahngesetzes (BayESG),

5. Werbeanlagen, soweit sie einer Ausnahmegenehmigung nach Straßenverkehrsrecht bedürfen,

6. Anlagen, die nach dem Kreislaufwirtschafts- und Abfallgesetz (KrW-/AbfG) einer Genehmigung bedürfen,

7. Beschneiungsanlagen nach Art. 35 des Bayerischen Wassergesetzes (BayWG),

8. Anlagen, die einer Gestattung nach Produktsicherheitsrecht bedürfen,

9. Anlagen, die einer Errichtungsgenehmigung nach dem Atomgesetz bedürfen,

10. Friedhöfe, die einer Genehmigung nach dem Bestattungsgesetz (BestG) bedürfen.

Für Anlagen, bei denen ein anderes Gestattungsverfahren die Baugenehmigung, die Abweichung oder die Zustimmung einschließt oder die nach Satz 1 keiner Baugenehmigung, Abweichung oder Zustimmung bedürfen, nimmt die für den Vollzug der entsprechenden Rechtsvorschriften zuständige Behörde die Aufgaben und Befugnisse der Bauaufsichtsbehörde wahr. Sie kann Prüfingenieure, Prüfämter und Prüfsachverständige in entsprechender Anwendung der Art. 62a Abs. 2, Art. 62b Abs. 2 und Art. 77 Abs. 2 sowie der auf Grund des Art. 80 Abs. 2 erlassenen Rechtsverordnung heranziehen; Art. 59 Satz 1, Art. 60 Satz 1, Art. 62, 62a Abs. 1 und 2 Satz 3 Nr. 2, Art. 62b Abs. 1, Art. 63 Abs. 1 Satz 2 und Art. 77 Abs. 2 Satz 3 gelten entsprechend.

Art. 57
Verfahrensfreie Bauvorhaben, Beseitigung von Anlagen

(1) Verfahrensfrei sind

1. folgende Gebäude:

a) Gebäude mit einem Brutto-Rauminhalt bis zu 75 m³, außer im Außenbereich,

b) Garagen einschließlich überdachter Stellplätze im Sinn des Art. 6 Abs. 9 Satz 1 Nr. 1 mit einer Fläche bis zu 50 m², außer im Außenbereich,

c) freistehende Gebäude ohne Feuerungsanlagen, die einem land- oder forstwirtschaftlichen Betrieb oder einem Betrieb der gartenbaulichen Erzeugung im Sinn der § 35 Abs. 1 Nrn. 1 und 2, § 201 BauGB dienen, nur eingeschossig und nicht unterkellert sind, höchstens 100 m² Brutto-Grundfläche und höchstens 140 m² überdachte Fläche haben und nur zur Unterbringung von Sachen oder zum vorübergehenden Schutz von Tieren bestimmt sind,

d) Gewächshäuser mit einer Firsthöhe bis zu 5 m und nicht mehr als 1 600 m² Fläche, die einem land- oder forstwirtschaftlichen Betrieb oder einem Betrieb der gartenbaulichen Erzeugung im Sinn der § 35 Abs. 1 Nrn. 1 und 2, § 201 BauGB dienen,

e) Fahrgastunterstände, die dem öffentlichen Personenverkehr oder der Schülerbeförderung dienen,

f) Schutzhütten für Wanderer, die jedermann zugänglich sind und keine Aufenthaltsräume haben,

g) Terrassenüberdachungen mit einer Fläche bis zu 30 m² und einer Tiefe bis zu 3 m,

h) Gartenlauben in Kleingartenanlagen im Sinn des § 1 Abs. 1 des Bundeskleingartengesetzes (BKleingG) vom 28. Februar 1983 (BGBl I S. 210), zuletzt geändert durch Art. 11 des Gesetzes vom 19. September 2006 (BGBl I S. 2146),

2. folgende Anlagen der technischen Gebäudeausrüstung:

a) Abgasanlagen in, auf und an Gebäuden sowie freistehende Abgasanlagen mit einer freien Höhe bis zu 10 m,

b) sonstige Anlagen der technischen Gebäudeausrüstung,

3. folgende Energiegewinnungsanlagen:

a) Solarenergieanlagen und Sonnenkollektoren

aa) in, auf und an Dach- und Außenwandflächen sowie, soweit sie in, auf oder an einer bestehenden baulichen Anlage errichtet werden, die damit verbundene Änderung der Nutzung oder der äußeren Gestalt der Anlage,

bb) gebäudeunabhängig mit einer Höhe bis zu 3 m und einer Gesamtlänge bis zu 9 m,

b) Kleinwindkraftanlagen mit einer freien Höhe bis zu 10 m,

c) Blockheizkraftwerke,

4. folgende Anlagen der Versorgung:

a) Brunnen,

b) Anlagen, die der Telekommunikation, der öffentlichen Versorgung mit Elektrizität einschließlich Trafostationen, Gas, Öl oder Wärme dienen, mit einer Höhe bis zu 5 m und einer Fläche bis zu 10 m²,

5. folgende Masten, Antennen und ähnliche Anlagen:

a)

aa) Antennen und Antennen tragende Masten mit einer freien Höhe bis zu 10 m,

bb) zugehörige Versorgungseinheiten mit einem Brutto-Rauminhalt bis zu 10 m³ sowie die mit solchen Vorhaben verbundene Änderung der Nutzung oder der äußeren Gestalt einer bestehenden baulichen Anlage,

b) Masten und Unterstützungen für Fernsprechleitungen, für Leitungen zur Versorgung mit Elektrizität, für Sirenen und für Fahnen,

c) Masten, die aus Gründen des Brauchtums errichtet werden,

d) Signalhochbauten für die Landesvermessung,

e) Flutlichtmasten mit einer freien Höhe bis zu 10 m,

6. folgende Behälter:

a) ortsfeste Behälter für Flüssiggas mit einem Fassungsvermögen von weniger als 3 t, für nicht verflüssigte Gase mit einem Rauminhalt bis zu 6 m³,

b) ortsfeste Behälter für brennbare oder wassergefährdende Flüssigkeiten mit einem Rauminhalt bis zu 10 m³,

c) ortsfeste Behälter sonstiger Art mit einem Rauminhalt bis zu 50 m³,

d) Gülle- und Jauchebehälter und -gruben mit einem Rauminhalt bis zu 50 m³ und einer Höhe bis zu 3 m,

e) Gärfutterbehälter mit einer Höhe bis zu 6 m und Schnitzelgruben,

f) Dungstätten, Fahrsilos, Kompost- und ähnliche Anlagen, ausgenommen Biomasselager für den Betrieb von Biogasanlagen,

g) Wasserbecken mit einem Beckeninhalt bis zu 100 m³,

7. folgende Mauern und Einfriedungen:

a) Mauern einschließlich Stützmauern und Einfriedungen, Sichtschutzzäunen und Terrassentrennwänden mit einer Höhe bis zu 2 m, außer im Außenbereich,

b) offene, sockellose Einfriedungen im Außenbereich, soweit sie der Hoffläche eines landwirtschaftlichen Betriebs, der Weidewirtschaft einschließlich der Haltung geeigneter Schalenwildarten für Zwecke der Landwirtschaft, dem Erwerbsgartenbau oder dem Schutz von Forstkulturen und Wildgehegen zu Jagdzwecken oder dem Schutz landwirtschaftlicher Kulturen vor Schalenwild sowie der berufsmäßigen Binnenfischerei dienen,

8. private Verkehrsanlagen einschließlich Brücken und Durchlässen mit einer lichten Weite bis zu 5 m und Untertunnelungen mit einem Durchmesser bis zu 3 m,

9. Aufschüttungen mit einer Höhe bis zu 2 m und einer Fläche bis zu 500 m²,

10. folgende Anlagen in Gärten und zur Freizeitgestaltung:

a) Schwimmbecken mit einem Beckeninhalt bis zu 100 m³ einschließlich dazugehöriger temporärer luftgetragener Überdachungen, außer im Außenbereich,

b) Sprungschanzen, Sprungtürme und Rutschbahnen mit einer Höhe bis zu 10 m,

c) Anlagen, die der zweckentsprechenden Einrichtung von Spiel-, Abenteuerspiel-, Bolz- und Sportplätzen, Reit- und Wanderwegen, Trimm- und Lehrpfaden dienen, ausgenommen Gebäude und Tribünen,

d) Wohnwagen, Zelte und bauliche Anlagen, die keine Gebäude sind, auf Camping-, Zelt- und Wochenendplätzen,

e) Anlagen, die der Gartennutzung, der Gartengestaltung oder der zweckentsprechenden Einrichtung von Gärten dienen, ausgenommen Gebäude und Einfriedungen,

11. folgende tragende und nichttragende Bauteile:

a) nichttragende und nichtaussteifende Bauteile in baulichen Anlagen,

b) die Änderung tragender oder aussteifender Bauteile innerhalb von Wohngebäuden,

c) zur Errichtung einzelner Aufenthaltsräume, die zu Wohnzwecken genutzt werden, im Dachgeschoss überwiegend zu Wohnzwecken genutzter Gebäude, wenn die

Dachkonstruktion und die äußere Gestalt des Gebäudes nicht in genehmigungspflichtiger Weise verändert werden,

d) Fenster und Türen sowie die dafür bestimmten Öffnungen,

e) Außenwandbekleidungen einschließlich Maßnahmen der Wärmedämmung, ausgenommen bei Hochhäusern, Verblendungen und Verputz baulicher Anlagen,

f) Bedachungen einschließlich Maßnahmen der Wärmedämmung ausgenommen bei Hochhäusern, auch vor Fertigstellung der Anlage,

12. folgende Werbeanlagen:

a) Werbeanlagen in Auslagen oder an Schaufenstern, im Übrigen mit einer Ansichtsfläche bis zu 1 m²,

b) Warenautomaten,

c) Werbeanlagen, die nicht vom öffentlichen Verkehrsraum aus sichtbar sind,

d) Werbeanlagen, die nach ihrem erkennbaren Zweck nur vorübergehend für höchstens zwei Monate angebracht werden, im Außenbereich nur, soweit sie einem Vorhaben im Sinn des § 35 Abs. 1 BauGB dienen,

e) Zeichen, die auf abseits oder versteckt gelegene Stätten hinweisen (Hinweiszeichen), außer im Außenbereich,

f) Schilder, die Inhaber und Art gewerblicher Betriebe kennzeichnen (Hinweisschilder), wenn sie vor Ortsdurchfahrten auf einer einzigen Tafel zusammengefasst sind,

g) Werbeanlagen in durch Bebauungsplan festgesetzten Gewerbe-, Industrie- und vergleichbaren Sondergebieten an der Stätte der Leistung, an und auf Flugplätzen, Sportanlagen, auf abgegrenzten Versammlungsstätten, Ausstellungs- und Messegeländen, soweit sie nicht in die freie Landschaft wirken, mit einer freien Höhe bis zu 10 m, sowie, soweit sie in, auf oder an einer bestehenden baulichen Anlage errichtet werden, die damit verbundene Änderung der Nutzung oder der äußeren Gestalt der Anlage,

13. folgende vorübergehend aufgestellte oder benutzbare Anlagen:

a) Baustelleneinrichtungen einschließlich der Lagerhallen, Schutzhallen und Unterkünfte,

b) Toilettenwagen,

c) Behelfsbauten, die der Landesverteidigung, dem Katastrophenschutz oder der Unfallhilfe dienen,

d) bauliche Anlagen, die für höchstens drei Monate auf genehmigtem Messe- und Ausstellungsgelände errichtet werden, ausgenommen fliegende Bauten,

e) Verkaufsstände und andere bauliche Anlagen auf Straßenfesten, Volksfesten und Märkten, ausgenommen fliegende Bauten,

f) Zeltlager, die nach ihrem erkennbaren Zweck gelegentlich, höchstens für zwei Monate errichtet werden,

14. Fahrgeschäfte mit einer Höhe bis zu 5 m, die für Kinder betrieben werden und eine Geschwindigkeit von höchstens 1 m/s haben,

15. folgende Plätze:

a) Lager-, Abstell- und Ausstellungsplätze, die einem land- oder forstwirtschaftlichen Betrieb oder einem Betrieb der gartenbaulichen Erzeugung im Sinn der § 35 Abs. 1 Nrn. 1 und 2, § 201 BauGB dienen,

b) nicht überdachte Stellplätze und sonstige Lager- und Abstellplätze mit einer Fläche bis zu 300 m² und deren Zufahrten, außer im Außenbereich,

c) Kinderspielplätze im Sinn des Art. 7 Abs. 2 Satz 1,

d) Freischankflächen bis zu 40 m² einschließlich einer damit verbundenen Nutzungsänderung einer Gaststätte oder einer Verkaufsstelle des Lebensmittelhandwerks,

16. folgende sonstige Anlagen:

a) Fahrradabstellanlagen mit einer Fläche bis zu 30 m²,

b) Zapfsäulen und Tankautomaten genehmigter Tankstellen,

c) Regale mit einer Höhe bis zu 7,50 m Oberkante Lagergut,

d) Grabdenkmale auf Friedhöfen, Feldkreuze, Denkmäler und sonstige Kunstwerke jeweils mit einer Höhe bis zu 4 m,

e) transparente Wetterschutzeinrichtungen, die auf Masten mit einer Höhe bis zu 10 m befestigt werden und einem Betrieb der gartenbaulichen Erzeugung im Sinn von § 35 Abs. 1 Nr. 2 BauGB dienen,

f) andere unbedeutende Anlagen oder unbedeutende Teile von Anlagen wie Hauseingangsüberdachungen, Markisen, Rollläden, Terrassen, Maschinenfundamente, Straßenfahrzeugwaagen, Pergolen, Jägerstände, Wildfütterungen, Bienenfreistände, Taubenhäuser, Hofeinfahrten und Teppichstangen.

(2) Unbeschadet des Abs. 1 sind verfahrensfrei

1. Garagen mit einer Nutzfläche bis zu 100 m² sowie überdachte Stellplätze,

2. Wochenendhäuser sowie Anlagen, die keine Gebäude sind, in durch Bebauungsplan festgesetzten Wochenendhausgebieten,

3. Anlagen in Dauerkleingärten im Sinn des § 1 Abs. 3 BKleingG,

4. Dachgauben und vergleichbare Dachaufbauten,

5. Mauern und Einfriedungen,

6. Werbeanlagen mit einer freien Höhe bis zu 10 m, sowie, soweit sie in, auf oder an einer bestehenden baulichen Anlage errichtet werden, die damit verbundene Änderung der Nutzung oder der äußeren Gestalt der Anlage,

7. Kinderspiel-, Bolz- und Abenteuerspielplätze,

8. Friedhöfe,

9. Solarenergieanlagen und Sonnenkollektoren sowie, soweit sie in, auf oder an einer bestehenden baulichen Anlage errichtet werden, die damit verbundene Änderung der Nutzung oder der äußeren Gestalt der Anlage im Geltungsbereich einer städtebaulichen oder einer Satzung nach Art. 81, die Regelungen über die Zulässigkeit, den Standort und die Größe der Anlage enthält, wenn sie den Festsetzungen der Satzung entspricht.

(3) Verfahrensfrei sind luftrechtlich zugelassenen Flugplätzen dienende Anlagen, ausgenommen Gebäude, die Sonderbauten sind. Für nach Satz 1 verfahrensfreie Anlagen gelten die Art. 61 bis 62b entsprechend.

(4) Verfahrensfrei ist die Änderung der Nutzung von Anlagen, wenn

1. für die neue Nutzung keine anderen öffentlich-rechtlichen Anforderungen nach Art. 60 Satz 1 und Art. 62 bis 62b als für die bisherige Nutzung in Betracht kommen oder

2. die Errichtung oder Änderung der Anlagen nach Abs. 1 und 2 verfahrensfrei wäre.

(5) Verfahrensfrei ist die Beseitigung von

1. Anlagen nach Abs. 1 bis 3,

2. freistehenden Gebäuden der Gebäudeklassen 1 und 3,

3. sonstigen Anlagen, die keine Gebäude sind, mit einer Höhe bis zu 10 m. Im Übrigen ist die beabsichtigte Beseitigung von Anlagen mindestens einen Monat zuvor der Gemeinde und der Bauaufsichtsbehörde anzuzeigen. Bei nicht freistehenden Gebäuden muss durch einen qualifizierten Tragwerksplaner im Sinn des Art. 62a Abs. 1 beurteilt und im erforderlichen Umfang nachgewiesen werden, dass das Gebäude oder die Gebäude, an die das zu beseitigende Gebäude angebaut ist, während und nach der Beseitigung standsicher sind; die Beseitigung ist, soweit notwendig, durch den qualifizierten Tragwerksplaner zu überwachen. Satz 3 gilt nicht, soweit an verfahrensfreie Gebäude angebaut ist. Art. 68 Abs. 5 Nr. 3 und Abs. 7 gelten entsprechend.

(6) Verfahrensfrei sind Instandhaltungsarbeiten.

Art. 58
Genehmigungsfreistellung

(1) Keiner Genehmigung bedarf unter den Voraussetzungen des Abs. 2 die Errichtung, Änderung und Nutzungsänderung baulicher Anlagen, die keine Sonderbauten sind. Die Gemeinde kann durch örtliche Bauvorschrift im Sinn des Art. 81 Abs. 2 die Anwendung dieser Vorschrift auf bestimmte handwerkliche und gewerbliche Bauvorhaben ausschließen.

(2) Nach Abs. 1 ist ein Bauvorhaben genehmigungsfrei gestellt, wenn

1. es im Geltungsbereich eines Bebauungsplans im Sinn des § 30 Abs. 1 oder der §§ 12, 30 Abs. 2 BauGB liegt,

2. es den Festsetzungen des Bebauungsplans und den Regelungen örtlicher Bauvorschriften im Sinn des Art. 81 Abs. 1 nicht widerspricht,

3. die Erschließung im Sinn des Baugesetzbuchs gesichert ist,

4. es nicht die Errichtung, Änderung oder Nutzungsänderung baulicher Anlagen betrifft,

a) durch die dem Wohnen dienende Nutzungseinheiten mit einer Größe von insgesamt mehr als 5 000 m² Bruttogrundfläche geschaffen werden oder

b) die öffentlich zugänglich sind und der gleichzeitigen Nutzung durch mehr als 100 Personen dienen und die Vorhaben den angemessenen Sicherheitsabstand im Sinn des

Art. 13 Abs. 2 Buchst. a der Richtlinie 2012/18/EU zu einem Betriebsbereich nicht einhalten und

5. die Gemeinde nicht innerhalb der Frist nach Abs. 3 Satz 3 erklärt, dass das vereinfachte Baugenehmigungsverfahren durchgeführt werden soll oder eine vorläufige Untersagung nach § 15 Abs. 1 Satz 2 BauGB beantragt.

(3) Der Bauherr hat die erforderlichen Unterlagen bei der Gemeinde einzureichen; die Gemeinde legt, soweit sie nicht selbst Bauaufsichtsbehörde ist, eine Fertigung der Unterlagen unverzüglich der unteren Bauaufsichtsbehörde vor. Spätestens mit der Vorlage bei der Gemeinde benachrichtigt der Bauherr die Eigentümer der benachbarten Grundstücke von dem Bauvorhaben; Art. 66 Abs. 1 Sätze 2 und 5, Abs. 3 gelten entsprechend. Mit dem Bauvorhaben darf einen Monat nach Vorlage der erforderlichen Unterlagen bei der Gemeinde begonnen werden. Teilt die Gemeinde dem Bauherrn vor Ablauf der Frist schriftlich mit, dass kein Genehmigungsverfahren durchgeführt werden soll und sie eine Untersagung nach § 15 Abs. 1 Satz 2 BauGB nicht beantragen wird, darf der Bauherr mit der Ausführung des Bauvorhabens beginnen; von der Mitteilung nach Halbsatz 1 hat die Gemeinde die Bauaufsichtsbehörde zu unterrichten. Will der Bauherr mit der Ausführung des Bauvorhabens mehr als vier Jahre, nachdem die Bauausführung nach den Sätzen 3 und 4 zulässig geworden ist, beginnen, gelten die Sätze 1 bis 4 entsprechend.

(4) Die Erklärung der Gemeinde nach Abs. 2 Nr. 5 Alternative 1 kann insbesondere deshalb erfolgen, weil sie eine Überprüfung der sonstigen Voraussetzungen des Abs. 2 oder des Bauvorhabens aus anderen Gründen für erforderlich hält. Darauf, dass die Gemeinde von ihrer Erklärungsmöglichkeit keinen Gebrauch macht, besteht kein Rechtsanspruch. Erklärt die Gemeinde, dass das vereinfachte Baugenehmigungsverfahren durchgeführt werden soll, hat sie dem Bauherrn die vorgelegten Unterlagen zurückzureichen. Hat der Bauherr bei der Vorlage der Unterlagen bestimmt, dass seine Vorlage im Fall der Erklärung nach Abs. 2 Nr. 4 als Bauantrag zu behandeln ist, leitet sie die Unterlagen gleichzeitig mit der Erklärung an die Bauaufsichtsbehörde weiter.

(5) Die Art. 62 bis 62b bleiben unberührt. Art. 64 Abs. 2 Satz 1, Abs. 4 Sätze 1 und 2, Art. 68 Abs. 5 Nrn. 2 und 3, Abs. 6 und 7 sind entsprechend anzuwenden.

Abschnitt III Genehmigungsverfahren

Art. 59
Vereinfachtes Baugenehmigungsverfahren

Außer bei Sonderbauten prüft die Bauaufsichtsbehörde

1. die Übereinstimmung mit

a) den Vorschriften über die Zulässigkeit der baulichen Anlagen nach den §§ 29 bis 38 BauGB,

b) den Vorschriften über Abstandsflächen nach Art. 6,

c) den Regelungen örtlicher Bauvorschriften im Sinn des Art. 81 Abs. 1,

2. beantragte Abweichungen im Sinn des Art. 63 Abs. 1 und Abs. 2 Satz 2 sowie

3. andere öffentlich-rechtliche Anforderungen, soweit wegen der Baugenehmigung eine Entscheidung nach anderen öffentlich-rechtlichen Vorschriften entfällt, ersetzt oder eingeschlossen wird.

Die Art. 62 bis 62b bleiben unberührt.

Art. 60
Baugenehmigungsverfahren

Bei Sonderbauten prüft die Bauaufsichtsbehörde

1. die Übereinstimmung mit den Vorschriften über die Zulässigkeit der baulichen Anlagen nach den §§ 29 bis 38 BauGB,

2. Anforderungen nach den Vorschriften dieses Gesetzes und auf Grund dieses Gesetzes,

3. andere öffentlich-rechtliche Anforderungen, soweit wegen der Baugenehmigung eine Entscheidung nach anderen öffentlich-rechtlichen Vorschriften entfällt, ersetzt oder eingeschlossen wird.

Die Art. 62 bis 62b bleiben unberührt.

Art. 61
Bauvorlageberechtigung

(1) Bauvorlagen für die nicht verfahrensfreie Errichtung und Änderung von Gebäuden müssen von einem Entwurfsverfasser unterschrieben sein, der bauvorlageberechtigt ist.

(2) Bauvorlageberechtigt ist, wer

1. die Berufsbezeichnung „Architektin" oder „Architekt" führen darf,

2. in die von der Bayerischen Ingenieurekammer-Bau geführte Liste der bauvorlageberechtigten Ingenieure eingetragen ist; vergleichbare Eintragungen anderer Länder gelten auch im Freistaat Bayern.

(3) Bauvorlageberechtigt sind ferner die Angehörigen der Fachrichtungen Architektur, Hochbau oder Bauingenieurwesen, die nach dem Ingenieurgesetz die Berufsbezeichnung „Ingenieurin" oder „Ingenieur" führen dürfen, sowie die staatlich geprüften Techniker der Fachrichtung Bautechnik und die Handwerksmeister des Maurer- und Betonbauer- sowie des Zimmererfachs für

1. freistehende oder nur einseitig angebaute oder anbaubare Wohngebäude der Gebäudeklassen 1 bis 3 mit nicht mehr als drei Wohnungen,

2. eingeschossige gewerblich genutzte Gebäude mit freien Stützweiten von nicht mehr als 12 m und nicht mehr als 250 m^2,

3. land- oder forstwirtschaftlich genutzte Gebäude,

4. Kleingaragen im Sinn der Rechtsverordnung nach Art. 80 Abs. 1 Satz 1 Nr. 3,

5. einfache Änderungen von sonstigen Gebäuden. Staatsangehörige eines anderen Mitgliedstaates der Europäischen Union oder eines nach dem Recht der Europäischen Gemeinschaft gleichgestellten Staates sind im Sinn des Satzes 1 bauvorlageberechtigt, wenn sie eine vergleichbare Berechtigung besitzen und dafür den staatlich geprüften Technikern der Fachrichtung Bautechnik oder den Handwerksmeistern des Maurer- und Betonbauer- sowie des Zimmererfachs vergleichbare Anforderungen erfüllen mussten.

(4) Bauvorlageberechtigt ist ferner, wer

1. unter Beschränkung auf sein Fachgebiet Bauvorlagen aufstellt, die üblicherweise von Fachkräften mit einer anderen Ausbildung als sie die in Abs. 2 genannten Personen haben, aufgestellt werden,

2. für ein Amt ab der Besoldungsgruppe A 10 in der Fachlaufbahn Naturwissenschaft und Technik, fachlicher Schwerpunkt bautechnischer und umweltfachlicher Verwaltungsdienst, qualifiziert ist, für seine Tätigkeit für seinen Dienstherrn,

3. einen berufsqualifizierenden Hochschulabschluss eines Studiums der Fachrichtung Architektur, Hochbau (Art. 49 Abs. 1 der Richtlinie 2005/36/EG) oder Bauingenieurwesen nachweist, danach mindestens zwei Jahre auf dem Gebiet der Entwurfsplanung von Gebäuden praktisch tätig gewesen ist und Bedienstete oder Bediensteter einer juristischen Person des öffentlichen Rechts ist, für die dienstliche Tätigkeit,

4. die Berufsbezeichnung „Innenarchitektin" oder „Innenarchitekt" führen darf, für die mit der Berufsaufgabe verbundenen baulichen Änderungen von Gebäuden,

5. Ingenieurin oder Ingenieur der Fachrichtung Innenausbau ist und eine praktische Tätigkeit in dieser Fachrichtung von mindestens zwei Jahren ausgeübt hat, für die Planung von Innenräumen und die damit verbundenen baulichen Änderungen von Gebäuden; Abs. 3 Satz 2 gilt entsprechend,

6. einen Studiengang der Fachrichtung Holzbau und Ausbau, den das Staatsministerium des Innern, für Bau und Verkehr als gleichwertig mit einer Ausbildung nach Abs. 3 einschließlich der Anforderungen auf Grund der Rechtsverordnung nach Art. 80 Abs. 3 anerkannt hat, erfolgreich abgeschlossen hat, für die Bauvorhaben nach Abs. 3, sofern sie in Holzbauweise errichtet werden; Abs. 3 Satz 2 gilt entsprechend.

(5) In die Liste der bauvorlageberechtigten Ingenieure nach Abs. 2 Nr. 2 ist auf Antrag von der Bayerischen Ingenieurekammer-Bau einzutragen, wer

1. auf Grund eines Studiums des Bauingenieurwesens die Voraussetzungen zur Führung der Berufsbezeichnung „Ingenieur" oder „Ingenieurin" nach dem Gesetz zum Schutze der Berufsbezeichnung „Ingenieur" und „Ingenieurin" – Ingenieurgesetz – IngG – (BayRS 702-2-W) in der jeweils geltenden Fassung, erfüllt oder einen berufsqualifizierenden Hochschulabschluss eines Studiums der Fachrichtung Hochbau (Art. 49 Abs. 1 der Richtlinie 2005/36/EG) nachweist und

2. danach mindestens zwei Jahre auf dem Gebiet der Entwurfsplanung von Gebäuden praktisch tätig gewesen ist. Art. 7 des Baukammerngesetzes (BauKaG) gilt entsprechend. Dem Antrag sind die zur Beurteilung erforderlichen Unterlagen beizufügen. Hat die Bayerische Ingenieurekammer-Bau nicht innerhalb der in Art. 42a BayVwVfG festgelegten Frist entschieden, gilt der Antrag als genehmigt.

(6) Personen, die in einem anderen Mitgliedstaat der Europäischen Union oder einem nach dem Recht der Europäischen Gemeinschaft gleichgestellten Staat als

Bauvorlageberechtigte niedergelassen sind, sind ohne Eintragung in die Liste nach Abs. 2 Nr. 2 bauvorlageberechtigt, wenn sie

1. eine vergleichbare Berechtigung besitzen und

2. dafür dem Abs. 5 Satz 1 Nrn. 1 und 2 vergleichbare Anforderungen erfüllen mussten. Sie haben das erstmalige Tätigwerden als Bauvorlageberechtigter vorher der Bayerischen Ingenieurekammer-Bau anzuzeigen und dabei

1. eine Bescheinigung darüber, dass sie in einem Mitgliedstaat der Europäischen Union oder einem nach dem Recht der Europäischen Gemeinschaft gleichgestellten Staat rechtmäßig als Bauvorlageberechtigte niedergelassen sind und ihnen die Ausübung dieser Tätigkeiten zum Zeitpunkt der Vorlage der Bescheinigung nicht, auch nicht vorübergehend, untersagt ist, und

2. einen Nachweis darüber, dass sie im Staat ihrer Niederlassung für die Tätigkeit als Bauvorlageberechtigter mindestens die Voraussetzungen des Abs. 6 Satz 1 Nrn. 1 und 2 erfüllen mussten,

vorzulegen; sie sind in einem Verzeichnis zu führen. Die Bayerische Ingenieurekammer-Bau hat auf Antrag des Bauvorlageberechtigten zu bestätigen, dass die Anzeige nach Satz 2 erfolgt ist; sie kann das Tätigwerden als Bauvorlageberechtigter untersagen und die Eintragung in dem Verzeichnis nach Satz 2 löschen, wenn die Voraussetzungen des Satzes 1 nicht erfüllt sind.

(7) Personen, die in einem anderen Mitgliedstaat der Europäischen Union oder einem nach dem Recht der Europäischen Gemeinschaft gleichgestellten Staat als Bauvorlageberechtigte niedergelassen sind, ohne dass die Voraussetzung für die Vergleichbarkeit im Sinn des Abs. 6 Satz 1 Nr. 2 erfüllt ist, sind bauvorlageberechtigt, wenn ihnen die Bayerische Ingenieurekammer-Bau bescheinigt hat, dass sie die Anforderungen des Abs. 5 Satz 1 Nrn. 1 und 2 tatsächlich erfüllen; sie sind in einem Verzeichnis zu führen. Die Bescheinigung wird auf Antrag erteilt. Abs. 5 Sätze 3 und 4 sind entsprechend anzuwenden.

(8) Anzeigen und Bescheinigungen nach den Abs. 6 und 7 sind nicht erforderlich, wenn bereits in einem anderen Land eine Anzeige erfolgt ist oder eine Bescheinigung erteilt wurde; eine weitere Eintragung in die von der Bayerischen Ingenieurekammer-Bau geführten Verzeichnisse erfolgt nicht. Verfahren nach den Abs. 5 bis 7 können über die

einheitliche Stelle nach den Vorschriften des Bayerischen Verwaltungsverfahrensgesetzes abgewickelt werden.

(9) Unternehmen dürfen Bauvorlagen als Entwurfsverfasser unterschreiben, wenn sie diese unter der Leitung eines Bauvorlageberechtigten nach den Abs. 2 bis 4, 6 und 7 aufstellen. Auf den Bauvorlagen ist der Name des Bauvorlageberechtigten anzugeben.

(10) Für Bauvorlageberechtigte, die weder Mitglied der Bayerischen Architektenkammer noch der Bayerischen Ingenieurekammer-Bau sind, gilt Art. 24 Abs. 1 Satz 2 Nr. 4 BauKaG entsprechend.

Art. 62
Bautechnische Nachweise

(1) Die Einhaltung der Anforderungen an die Standsicherheit, den Brand-, Schall- und Erschütterungsschutz ist nach Maßgabe der Verordnung auf Grund des Art. 80 Abs. 4 nachzuweisen (bautechnische Nachweise). Bautechnische Nachweise sind nicht erforderlich für verfahrensfreie Bauvorhaben. Art. 57 Abs. 5 Satz 2 bis 5 und Regelungen auf Grund des Art. 80 Abs. 4 bleiben unberührt. Werden bautechnische Nachweise durch einen Prüfsachverständigen bescheinigt, gelten die entsprechenden Anforderungen auch in den Fällen des Art. 63 als eingehalten.

(2) Die Bauvorlageberechtigung nach Art. 61 Abs. 2, 3 und 4 Nr. 2 bis 6 berechtigt zur Erstellung bautechnischer Nachweise, soweit die Art. 62a und 62b nichts Abweichendes bestimmen.

(3) Tragwerksplaner nach Art. 62a Abs. 1 und Brandschutzplaner nach Art. 62b Abs. 1 Nr. 3 sind in eine von der Bayerischen Architektenkammer oder der Bayerischen Ingenieurekammer-Bau zu führende Liste einzutragen. Vergleichbare Berechtigungen anderer Länder gelten auch im Freistaat Bayern. Für Personen, die in einem anderen Mitgliedstaat der Europäischen Union oder einem nach dem Recht der Europäischen Gemeinschaft gleichgestellten Staat zur Erstellung von Standsicherheits- oder Brandschutznachweisen niedergelassen sind, gilt Art. 61 Abs. 6 bis 8 mit der Maßgabe entsprechend, dass die Anzeige oder der Antrag auf Erteilung einer Bescheinigung bei der zuständigen Bayerischen Architektenkammer oder der Bayerischen Ingenieurekammer-Bau einzureichen ist. Art. 61 Abs. 10 ist anzuwenden.

Art. 62a

Standsicherheitsnachweis

(1) Bei Gebäuden der Gebäudeklassen 1 bis 3 und bei sonstigen baulichen Anlagen, die keine Gebäude sind, muss der Standsicherheitsnachweis erstellt sein

1. von Personen mit einem berufsqualifizierenden Hochschulabschluss eines Studiums der Fachrichtung Architektur, Hochbau (Art. 49 Abs. 1 der Richtlinie 2005/36/EG) oder des Bauingenieurwesens mit einer mindestens dreijährigen Berufserfahrung in der Tragwerksplanung oder

2. im Rahmen ihrer Bauvorlageberechtigung von

a) staatlich geprüften Technikern der Fachrichtung Bautechnik und Handwerksmeistern des Maurer- und Betonbauer- sowie des Zimmererfachs (Art. 61 Abs. 3), wenn sie mindestens drei Jahre zusammenhängende Berufserfahrung nachweisen und die durch Rechtsverordnung gemäß Art. 80 Abs. 3 näher bestimmte Zusatzqualifikation besitzen oder

b) Bauvorlageberechtigten nach Art. 61 Abs. 4 Nr. 6.

(2) Der Standsicherheitsnachweis muss durch einen Prüfsachverständigen bescheinigt sein bei

1. Gebäuden der Gebäudeklassen 4 und 5 sowie

2. Gebäuden der Gebäudeklassen 1 bis 3, bei Behältern, Brücken, Stützmauern, Tribünen und bei sonstigen baulichen Anlagen mit einer freien Höhe von mehr als 10 m, die keine Gebäude sind, wenn dies nach Maßgabe eines in der Rechtsverordnung nach Art. 80 Abs. 4 geregelten Kriterienkatalogs erforderlich ist.

Bei baulichen Anlagen nach Satz 1, die Sonderbauten sind, muss der Standsicherheitsnachweis durch die Bauaufsichtsbehörde, einen Prüfingenieur oder ein Prüfamt geprüft sein. Die Sätze 1 und 2 gelten nicht

1. für Wohngebäude der Gebäudeklassen 1 und 2 sowie für oberirdische eingeschossige Gebäude mit freien Stützweiten von nicht mehr als 12 m und nicht mehr als 1 600 m², die nicht oder nur zum vorübergehenden Aufenthalt einzelner Personen bestimmt sind, sowie

2. für Bauvorhaben, für die Standsicherheitsnachweise vorliegen, die von einem Prüfamt oder der zuständigen Stelle eines anderen Landes allgemein geprüft sind (Typenprüfung).

Im Übrigen wird der Standsicherheitsnachweis nicht geprüft.

Art. 62b
Brandschutznachweis

(1) Der Brandschutznachweis muss erstellt sein von Personen, die

1. für das Bauvorhaben bauvorlageberechtigt sind,

2. zur Bescheinigung von Brandschutznachweisen befugt sind oder

3. nach Abschluss der Ausbildung mindestens zwei Jahre auf dem Gebiet der brandschutztechnischen Planung und Ausführung von Gebäuden oder deren Prüfung praktisch tätig gewesen sind und die erforderlichen Kenntnisse des Brandschutzes nachgewiesen haben

a) als Angehöriger eines Studiengangs der Fachrichtung Architektur, Hochbau (Art. 49 Abs. 1 der Richtlinie 2005/36/EG), Bauingenieurwesen oder eines Studiengangs mit Schwerpunkt Brandschutz, der ein Studium an einer deutschen Hochschule oder ein gleichwertiges Studium an einer ausländischen Hochschule abgeschlossen hat, oder

b) als Absolvent einer Ausbildung für Ämter mit Einstieg in der dritten und vierten Qualifikationsebene in der Fachlaufbahn Naturwissenschaft und Technik, Schwerpunkt feuerwehrtechnischer Dienst.

(2) Der Brandschutznachweis muss durch einen Prüfsachverständigen für Brandschutz bescheinigt sein oder wird bauaufsichtlich geprüft bei

1. Sonderbauten,

2. Mittel- und Großgaragen im Sinn der Verordnung nach Art. 80 Abs. 1 Satz 1 Nr. 3,

3. Gebäuden der Gebäudeklasse 5.

Im Übrigen wird der Brandschutznachweis nicht geprüft.

Art. 63
Abweichungen

(1) Die Bauaufsichtsbehörde kann Abweichungen von Anforderungen dieses Gesetzes und auf Grund dieses Gesetzes erlassener Vorschriften zulassen, wenn sie unter Berücksichtigung des Zwecks der jeweiligen Anforderung und unter Würdigung der öffentlich-rechtlich geschützten nachbarlichen Belange mit den öffentlichen Belangen, insbesondere den Anforderungen des Art. 3 Satz 1 vereinbar sind; Art. 81a Abs. 1 Satz 2

bleibt unberührt. Der Zulassung einer Abweichung bedarf es nicht, wenn bautechnische Nachweise durch einen Prüfsachverständigen bescheinigt werden oder in den Fällen des Abs. 2 Satz 2 Halbsatz 1 das Vorliegen der Voraussetzung für eine Abweichung durch ihn bescheinigt wird.

(2) Die Zulassung von Abweichungen nach Abs. 1 Satz 1, von Ausnahmen und Befreiungen von den Festsetzungen eines Bebauungsplans, einer sonstigen städtebaulichen Satzung oder von Regelungen der Baunutzungsverordnung ist gesondert schriftlich zu beantragen; der Antrag ist zu begründen. Für Anlagen, die keiner Genehmigung bedürfen, sowie für Abweichungen von Vorschriften, die im Genehmigungsverfahren nicht geprüft werden, gilt Satz 1 entsprechend; bei Bauvorhaben, die einer Genehmigung bedürfen, ist der Abweichungsantrag mit dem Bauantrag zu stellen.

(3) Über Abweichungen nach Abs. 1 Satz 1 von örtlichen Bauvorschriften sowie über Ausnahmen und Befreiungen nach Abs. 2 Satz 1 entscheidet bei verfahrensfreien Bauvorhaben die Gemeinde nach Maßgabe der Abs. 1 und 2. Im Übrigen lässt die Bauaufsichtsbehörde Abweichungen von örtlichen Bauvorschriften im Einvernehmen mit der Gemeinde zu; § 36 Abs. 2 Satz 2 BauGB gilt entsprechend.

Art. 64
Bauantrag, Bauvorlagen

(1) Der Bauantrag ist schriftlich bei der Gemeinde einzureichen. Diese legt ihn, sofern sie nicht selbst zur Entscheidung zuständig ist, mit ihrer Stellungnahme unverzüglich bei der Bauaufsichtsbehörde vor. Die Gemeinden können die Ergänzung oder Berichtigung unvollständiger oder unrichtiger Bauanträge verlangen.

(2) Mit dem Bauantrag sind alle für die Beurteilung des Bauvorhabens und die Bearbeitung des Bauantrags erforderlichen Unterlagen (Bauvorlagen) einzureichen. Es kann gestattet werden, dass einzelne Bauvorlagen nachgereicht werden.

(3) In besonderen Fällen kann zur Beurteilung der Einwirkung des Bauvorhabens auf die Umgebung verlangt werden, dass es in geeigneter Weise auf dem Baugrundstück dargestellt wird.

(4) Der Bauherr und der Entwurfsverfasser haben den Bauantrag und die Bauvorlagen zu unterschreiben. Soweit der Eigentümer oder der Erbbauberechtigte dem Bauvorhaben

zugestimmt hat, ist er verpflichtet, bauaufsichtliche Maßnahmen zu dulden, die aus Nebenbestimmungen der Baugenehmigung herrühren.

Art. 65
Behandlung des Bauantrags

(1) Die Bauaufsichtsbehörde hört zum Bauantrag diejenigen Stellen,

1. deren Beteiligung oder Anhörung für die Entscheidung über den Bauantrag durch Rechtsvorschrift vorgeschrieben ist, oder

2. ohne deren Stellungnahme die Genehmigungsfähigkeit des Bauantrags nicht beurteilt werden kann; die Beteiligung oder Anhörung entfällt, wenn die jeweilige Stelle dem Bauantrag bereits vor Einleitung des Baugenehmigungsverfahrens schriftlich zugestimmt hat. Bedarf die Erteilung der Baugenehmigung der Zustimmung oder des Einvernehmens einer anderen Körperschaft, Behörde oder sonstigen Stelle, so gilt diese als erteilt, wenn sie nicht einen Monat nach Eingang des Ersuchens verweigert wird; von der Frist nach Halbsatz 1 abweichende Regelungen durch Rechtsvorschrift bleiben unberührt. Stellungnahmen bleiben unberücksichtigt, wenn sie nicht innerhalb eines Monats nach Aufforderung zur Stellungnahme bei der Bauaufsichtsbehörde eingehen, es sei denn, die verspätete Stellungnahme ist für die Rechtmäßigkeit der Entscheidung über den Bauantrag von Bedeutung.

(2) Ist der Bauantrag unvollständig oder weist er sonstige erhebliche Mängel auf, fordert die Bauaufsichtsbehörde den Bauherrn zur Behebung der Mängel innerhalb einer angemessenen Frist auf. Werden die Mängel innerhalb der Frist nicht behoben, gilt der Antrag als zurückgenommen.

Art. 66
Beteiligung des Nachbarn

(1) Den Eigentümern der benachbarten Grundstücke sind vom Bauherrn oder seinem Beauftragten der Lageplan und die Bauzeichnungen zur Unterschrift vorzulegen. Die Unterschrift gilt als Zustimmung. Fehlt die Unterschrift des Eigentümers eines benachbarten Grundstücks, kann ihn die Gemeinde auf Antrag des Bauherrn von dem Bauantrag benachrichtigen und ihm eine Frist für seine Äußerung setzen. Hat er die Unterschrift bereits schriftlich gegenüber der Gemeinde oder der Bauaufsichtsbehörde verweigert, unterbleibt die Benachrichtigung. Ist ein zu benachrichtigender Eigentümer

nur unter Schwierigkeiten zu ermitteln oder zu benachrichtigen, so genügt die Benachrichtigung des unmittelbaren Besitzers. Hat ein Nachbar nicht zugestimmt oder wird seinen Einwendungen nicht entsprochen, so ist ihm eine Ausfertigung der Baugenehmigung zuzustellen.

(2) Der Nachbar ist Beteiligter im Sinn des Art. 13 Abs. 1 Nr. 1 BayVwVfG. Art. 28 BayVwVfG findet keine Anwendung. Sind an einem Baugenehmigungsverfahren mindestens zehn Nachbarn im gleichen Interesse beteiligt, ohne vertreten zu sein, so kann die Bauaufsichtsbehörde sie auffordern, innerhalb einer angemessenen Frist einen Vertreter zu bestellen; Art. 18 Abs. 1 Sätze 2 und 3, Abs. 2 BayVwVfG finden Anwendung. Bei mehr als 20 Beteiligten im Sinn des Satzes 3 kann die Zustellung nach Abs. 1 Satz 6 durch öffentliche Bekanntmachung ersetzt werden; die Bekanntmachung hat den verfügenden Teil der Baugenehmigung, die Rechtsbehelfsbelehrung sowie einen Hinweis darauf zu enthalten, wo die Akten des Baugenehmigungsverfahrens eingesehen werden können. Sie ist im amtlichen Veröffentlichungsblatt der zuständigen Bauaufsichtsbehörde bekannt zu machen. Die Zustellung gilt mit dem Tag der Bekanntmachung als bewirkt.

(3) Ein Erbbauberechtigter tritt an die Stelle des Eigentümers. Ist Eigentümer des Nachbargrundstücks eine Eigentümergemeinschaft nach dem Wohnungseigentumsgesetz, so genügt die Vorlage nach Abs. 1 Satz 1 an den Verwalter; seine Unterschrift gilt jedoch nicht als Zustimmung der einzelnen Wohnungseigentümer. Der Eigentümer des Nachbargrundstücks nimmt auch die Rechte des Mieters oder Pächters wahr, die aus deren Eigentumsgrundrecht folgen.

Art. 66a
Beteiligung der Öffentlichkeit

(1) Bei baulichen Anlagen, die auf Grund ihrer Beschaffenheit oder ihres Betriebs geeignet sind, die Allgemeinheit oder die Nachbarschaft zu gefährden, zu benachteiligen oder zu belästigen, kann die Bauaufsichtsbehörde auf Antrag des Bauherrn das Bauvorhaben in ihrem amtlichen Veröffentlichungsblatt und außerdem in örtlichen Tageszeitungen, die im Bereich des Standorts der Anlage verbreitet sind, öffentlich bekannt machen; verfährt die Bauaufsichtsbehörde nach Halbsatz 1, findet Art. 66 Abs. 1 und 3 keine Anwendung. Mit Ablauf einer Frist von einem Monat nach der Bekanntmachung des Bauvorhabens sind alle öffentlich-rechtlichen Einwendungen gegen das Bauvorhaben ausgeschlossen. Die Zustellung der Baugenehmigung nach Art. 66 Abs. 1 Satz 6 kann durch öffentliche

Bekanntmachung ersetzt werden; Satz 1 und Art. 66 Abs. 2 Satz 6 gelten entsprechend. In der Bekanntmachung nach Satz 1 ist darauf hinzuweisen,

1. wo und wann Beteiligte nach Art. 29 BayVwVfG die Akten des Verfahrens einsehen können,

2. wo und wann Beteiligte Einwendungen gegen das Bauvorhaben vorbringen können,

3. welche Rechtsfolgen mit Ablauf der Frist des Satzes 2 eintreten und

4. dass die Zustellung der Baugenehmigung durch öffentliche Bekanntmachung ersetzt werden kann.

(2) Bei der Errichtung, Änderung oder Nutzungsänderung

1. von Vorhaben nach Art. 58 Abs. 2 Nr. 4 sowie

2. baulicher Anlagen, die nach Durchführung des Bauvorhabens Sonderbauten nach Art. 2 Abs. 4 Nr. 9 bis 13, 15 und 16 sind, ist eine Öffentlichkeitsbeteiligung nach Abs. 1 durchzuführen, wenn sie den angemessenen Sicherheitsabstand im Sinn des Art. 13 Abs. 2 Buchst. a der Richtlinie 2012/18/EU zu einem Betriebsbereich nicht einhalten. In die öffentliche Bekanntmachung nach Abs. 1 Satz 4 sind zusätzlich folgende Angaben aufzunehmen:

1. ob für das Vorhaben eine Umweltverträglichkeitsprüfung durchzuführen ist (§§ 3a, 8 und 9 des Gesetzes über die Umweltverträglichkeitsprüfung),

2. wo und wann die betroffene Öffentlichkeit im Sinn des Art. 3 Nr. 18 der Richtlinie 2012/18/EU Einwendungen gegen das Bauvorhaben vorbringen kann und

3. die grundsätzlichen Entscheidungsmöglichkeiten der Behörde oder, soweit vorhanden, der Entscheidungsentwurf.

Die Baugenehmigung ist nach Art. 41 Abs. 4 BayVwVfG öffentlich bekannt zu geben und, soweit Einwendungen vorgebracht wurden, zu begründen. In der Begründung sind die wesentlichen tatsächlichen und rechtlichen Gründe, die Behandlung der Einwendungen sowie Angaben über das Verfahren zur Beteiligung der Öffentlichkeit aufzunehmen.

Art. 67
Ersetzung des gemeindlichen Einvernehmens

(1) Hat eine Gemeinde ihr nach § 14 Abs. 2 Satz 2, § 22 Abs. 5 Satz 1, § 145 Abs. 1 Satz 2, § 173 Abs. 1 Satz 2 Halbsatz 1 BauGB oder nach Art. 63 Abs. 3 Satz 2 Halbsatz 1

erforderliches Einvernehmen rechtswidrig versagt und besteht ein Rechtsanspruch auf Erteilung der Genehmigung, kann das fehlende Einvernehmen nach Maßgabe der Abs. 2 bis 4 ersetzt werden; in den Fällen der § 36 Abs. 1 Sätze 1 und 2 BauGB ist das fehlende Einvernehmen nach Maßgabe von Abs. 2 bis 4 zu ersetzen. Außer in den Fällen des § 36 Abs. 2 Satz 3 BauGB besteht kein Rechtsanspruch auf Ersetzung des gemeindlichen Einvernehmens.

(2) Art. 112 der Gemeindeordnung (GO) findet keine Anwendung.

(3) Die Genehmigung gilt zugleich als Ersatzvornahme im Sinn des Art. 113 GO; sie ist insoweit zu begründen. Entfällt die aufschiebende Wirkung der Anfechtungsklage gegen die Genehmigung nach § 80 Abs. 2 Satz 1 Nr. 3 oder 4 VwGO, hat die Anfechtungsklage auch insoweit keine aufschiebende Wirkung, als die Genehmigung als Ersatzvornahme gilt.

(4) Die Gemeinde ist vor Erlass der Genehmigung anzuhören. Dabei ist ihr Gelegenheit zu geben, binnen angemessener Frist erneut über das gemeindliche Einvernehmen zu entscheiden.

Art. 68
Baugenehmigung und Baubeginn

(1) Die Baugenehmigung ist zu erteilen, wenn dem Bauvorhaben keine öffentlich-rechtlichen Vorschriften entgegenstehen, die im bauaufsichtlichen Genehmigungsverfahren zu prüfen sind; die Bauaufsichtsbehörde darf den Bauantrag auch ablehnen, wenn das Bauvorhaben gegen sonstige öffentlich-rechtliche Vorschriften verstößt. Die durch eine Umweltverträglichkeitsprüfung ermittelten, beschriebenen und bewerteten Umweltauswirkungen sind nach Maßgabe der hierfür geltenden Vorschriften zu berücksichtigen.

(2) Die Baugenehmigung bedarf der Schriftform; Art. 3a BayVwVfG findet keine Anwendung. Sie ist nur insoweit zu begründen, als ohne Zustimmung des Nachbarn von nachbarschützenden Vorschriften abgewichen wird oder der Nachbar gegen das Bauvorhaben schriftlich Einwendungen erhoben hat; Art. 39 Abs. 2 Nr. 2 BayVwVfG und Art. 66a Abs. 2 Satz 3 bleiben unberührt. Sie ist mit einer Ausfertigung der mit einem Genehmigungsvermerk zu versehenden Bauvorlagen dem Antragsteller und, wenn diese dem Bauvorhaben nicht zugestimmt hat, der Gemeinde zuzustellen.

(3) Wird die Baugenehmigung unter Auflagen oder Bedingungen erteilt, kann eine Sicherheitsleistung verlangt werden.

(4) Die Baugenehmigung wird unbeschadet der privaten Rechte Dritter erteilt.

(5) Mit der Bauausführung oder mit der Ausführung des jeweiligen Bauabschnitts darf erst begonnen werden, wenn

1. die Baugenehmigung dem Bauherrn zugegangen ist sowie

2. die Bescheinigungen nach Art. 62a Abs. 2 und Art. 62b Abs. 2 und

3. die Baubeginnsanzeige der Bauaufsichtsbehörde vorliegen.

(6) Vor Baubeginn müssen die Grundfläche der baulichen Anlage abgesteckt und ihre Höhenlage festgelegt sein. Die Bauaufsichtsbehörde kann verlangen, dass Absteckung und Höhenlage von ihr abgenommen oder die Einhaltung der festgelegten Grundfläche und Höhenlage nachgewiesen wird. Baugenehmigungen, Bauvorlagen, bautechnische Nachweise, soweit es sich nicht um Bauvorlagen handelt, sowie Bescheinigungen von Prüfsachverständigen müssen an der Baustelle von Baubeginn an vorliegen.

(7) Der Bauherr hat den Ausführungsbeginn genehmigungspflichtiger Bauvorhaben und die Wiederaufnahme der Bauarbeiten nach einer Unterbrechung von mehr als sechs Monaten mindestens eine Woche vorher der Bauaufsichtsbehörde schriftlich mitzuteilen (Baubeginnsanzeige).

Art. 69
Geltungsdauer der Baugenehmigung und der Teilbaugenehmigung

(1) Sind in ihnen keine anderen Fristen bestimmt, erlöschen die Baugenehmigung und die Teilbaugenehmigung, wenn innerhalb von vier Jahren nach ihrer Erteilung mit der Ausführung des Bauvorhabens nicht begonnen oder die Bauausführung vier Jahre unterbrochen worden ist; die Einlegung eines Rechtsbehelfs hemmt den Lauf der Frist bis zur Unanfechtbarkeit der Genehmigung.

(2) Die Frist nach Abs. 1 kann auf schriftlichen Antrag jeweils bis zu zwei Jahre verlängert werden. Sie kann auch rückwirkend verlängert werden, wenn der Antrag vor Fristablauf bei der Bauaufsichtsbehörde eingegangen ist.

Art. 70
Teilbaugenehmigung

Ist ein Bauantrag eingereicht, kann der Beginn der Bauarbeiten für die Baugrube und für einzelne Bauteile oder Bauabschnitte auf schriftlichen Antrag schon vor Erteilung der Baugenehmigung gestattet werden (Teilbaugenehmigung); eine Teilbaugenehmigung kann auch für die Errichtung einer baulichen Anlage unter Vorbehalt der künftigen Nutzung erteilt werden, wenn und soweit die Genehmigungsfähigkeit der baulichen Anlage nicht von deren künftiger Nutzung abhängt. Art. 67 und 68 gelten entsprechend.

Art. 71
Vorbescheid

Vor Einreichung des Bauantrags ist auf Antrag des Bauherrn zu einzelnen Fragen des Bauvorhabens ein Vorbescheid zu erteilen. Der Vorbescheid gilt drei Jahre, soweit in ihm keine andere Frist bestimmt ist. Die Frist kann auf schriftlichen Antrag jeweils bis zu zwei Jahre verlängert werden. Art. 64 bis 67, Art. 68 Abs. 1 bis 4 und Art. 69 Abs. 2 Satz 2 gelten entsprechend; die Bauaufsichtsbehörde kann von der Anwendung des Art. 66 absehen, wenn der Bauherr dies beantragt.

Art. 72
Genehmigung fliegender Bauten

(1) Fliegende Bauten sind bauliche Anlagen, die geeignet und bestimmt sind, wiederholt an wechselnden Orten aufgestellt und zerlegt zu werden. Baustelleneinrichtungen gelten nicht als fliegende Bauten.

(2) Fliegende Bauten dürfen nur aufgestellt und in Gebrauch genommen werden, wenn vor ihrer erstmaligen Aufstellung oder Ingebrauchnahme eine Ausführungsgenehmigung erteilt worden ist. Die Ausführungsgenehmigung wird für eine bestimmte Frist erteilt, die höchstens fünf Jahre betragen soll; sie kann auf schriftlichen Antrag von der für die Ausführungsgenehmigung zuständigen Behörde oder der nach Art. 80 Abs. 5 Nr. 5 bestimmten Stelle jeweils um bis zu fünf Jahre verlängert werden, wenn das der Inhaber vor Ablauf der Frist schriftlich beantragt. Die Ausführungsgenehmigung kann vorschreiben, dass der fliegende Bau vor jeder Inbetriebnahme oder in bestimmten zeitlichen Abständen jeweils vor einer Inbetriebnahme von einem Sachverständigen abgenommen wird. Ausführungsgenehmigungen anderer Länder der Bundesrepublik Deutschland gelten auch im Freistaat Bayern.

(3) Keiner Ausführungsgenehmigung bedürfen

1. fliegende Bauten bis zu 5 m Höhe, die nicht dazu bestimmt sind, von Besuchern betreten zu werden,

2. fliegende Bauten mit einer Höhe bis zu 5 m, die für Kinder betrieben werden und eine Geschwindigkeit von höchstens 1 m/s haben,

3. Bühnen, die fliegende Bauten sind, einschließlich Überdachungen und sonstigen Aufbauten mit einer Höhe bis zu 5 m, einer Grundfläche bis zu 100 m² und einer Fußbodenhöhe bis zu 1,50 m,

4. erdgeschossige Zelte und betretbare Verkaufsstände, die fliegende Bauten sind, jeweils mit einer Grundfläche bis zu 75 m²,

5. aufblasbare Spielgeräte mit einer Höhe des betretbaren Bereichs von bis zu 5 m oder mit überdachten Bereichen, bei denen die Entfernung zum Ausgang nicht mehr als 3 m, oder, sofern ein Absinken der Überdachung konstruktiv verhindert wird, nicht mehr als 10 m, beträgt,

6. Toilettenwagen.

(4) Für jeden genehmigungspflichtigen fliegenden Bau ist ein Prüfbuch anzulegen. Wird die Aufstellung oder der Gebrauch des fliegenden Baus wegen Mängeln untersagt, die eine Versagung der Ausführungsgenehmigung rechtfertigen würden, ist das Prüfbuch einzuziehen und der für die Ausführungsgenehmigung zuständigen Behörde oder Stelle zuzuleiten. In das Prüfbuch sind einzutragen

1. die Erteilung der Ausführungsgenehmigung und deren Verlängerungen unter Beifügung einer mit einem Genehmigungsvermerk versehenen Ausfertigung der Bauvorlagen,

2. die Übertragung des fliegenden Baus an Dritte,

3. die Änderung der für die Ausführungsgenehmigung zuständigen Behörde oder Stelle,

4. Durchführung und Ergebnisse bauaufsichtlicher Überprüfungen und Abnahmen,

5. die Einziehung des Prüfbuchs nach Satz 2. Umstände, die zu Eintragungen nach Nrn. 2 und 3 führen, hat der Inhaber der Ausführungsgenehmigung der dafür zuletzt zuständigen Behörde oder Stelle unverzüglich anzuzeigen.

(5) Die beabsichtigte Aufstellung genehmigungspflichtiger fliegender Bauten ist der Bauaufsichtsbehörde mindestens eine Woche zuvor unter Vorlage des Prüfbuchs

anzuzeigen, es sei denn, dass dies nach der Ausführungsgenehmigung nicht erforderlich ist. Genehmigungsbedürftige fliegende Bauten dürfen nur in Betrieb genommen werden, wenn

1. sie von der Bauaufsichtsbehörde abgenommen worden sind (Gebrauchsabnahme), es sei denn, dass dies nach der Ausführungsgenehmigung nicht erforderlich ist oder die Bauaufsichtsbehörde im Einzelfall darauf verzichtet, und

2. in der Ausführungsgenehmigung vorgeschriebene Abnahmen durch Sachverständige nach Abs. 2 Satz 3 vorgenommen worden sind.

(6) Auf fliegende Bauten, die der Landesverteidigung oder dem Katastrophenschutz dienen, finden die Abs. 1 bis 5 und Art. 73 keine Anwendung. Sie bedürfen auch keiner Baugenehmigung.

Art. 73
Bauaufsichtliche Zustimmung

(1) Nicht verfahrensfreie Bauvorhaben bedürfen keiner Baugenehmigung, Genehmigungsfreistellung, Anzeige und Bauüberwachung (Art. 57 Abs. 5, Art. 58, 68, 77 und 78), wenn

1. die Leitung der Entwurfsarbeiten und die Bauüberwachung einer Baudienststelle des Bundes, eines Landes oder eines Bezirks übertragen sind und

2. die Baudienststelle mindestens mit einem Bediensteten, der für ein Amt ab der Besoldungsgruppe A 14 in der Fachlaufbahn Naturwissenschaft und Technik, fachlicher Schwerpunkt bautechnischer und umweltfachlicher Verwaltungsdienst, qualifiziert ist, und mit sonstigen geeigneten Fachkräften ausreichend besetzt

ist. Solche Bauvorhaben bedürfen der Zustimmung der Regierung (Zustimmungsverfahren). Die Zustimmung der Regierung entfällt, wenn

1. die Gemeinde nicht widerspricht,

2. die Nachbarn dem Bauvorhaben zustimmen und

3. keine Öffentlichkeitsbeteiligung nach Art. 66a Abs. 2 vorgeschrieben ist.

Keiner Baugenehmigung, Genehmigungsfreistellung oder Zustimmung bedürfen unter den Voraussetzungen des Satzes 1 Baumaßnahmen in oder an bestehenden Gebäuden, soweit sie nicht zur Erweiterung des Bauvolumens oder zu einer der Genehmigungspflicht unterliegenden Nutzungsänderung führen.

(2) Der Antrag auf Zustimmung ist bei der Regierung einzureichen. Die Regierung prüft

1. die Übereinstimmung des Bauvorhabens mit den Vorschriften über die Zulässigkeit der baulichen Anlagen nach den §§ 29 bis 38 BauGB und den Regelungen örtlicher Bauvorschriften im Sinn des Art. 81 Abs. 1 sowie

2. andere öffentlich-rechtliche Anforderungen, soweit wegen der Zustimmung eine Entscheidung nach anderen öffentlich-rechtlichen Vorschriften entfällt, ersetzt oder eingeschlossen wird. Sie führt eine Öffentlichkeitsbeteiligung nach Art. 66a Abs. 2 durch. Die Regierung entscheidet über Abweichungen von den nach Satz 2 zu prüfenden sowie sonstigen Vorschriften, soweit sie drittschützend sind; darüber hinaus bedarf die Zulässigkeit von Ausnahmen, Befreiungen und Abweichungen keiner bauaufsichtlichen Entscheidung. Die Gemeinde ist vor Erteilung der Zustimmung zu hören; § 36 Abs. 2 Satz 2 Halbsatz 1 BauGB gilt entsprechend. Im Übrigen sind die Vorschriften über das Genehmigungsverfahren entsprechend anzuwenden.

(3) Die Baudienststelle trägt die Verantwortung dafür, dass die Errichtung, die Änderung, die Nutzungsänderung und die Beseitigung baulicher Anlagen den öffentlich-rechtlichen Vorschriften entsprechen; die Verantwortung für die Unterhaltung baulicher Anlagen trägt die Baudienststelle nur, wenn und solang sie der für die Anlage Verantwortliche ausschließlich ihr überträgt. Die Baudienststelle kann Sachverständige in entsprechender Anwendung der Art. 62a Abs. 2, Art. 62b Abs. 2 und Art. 77 Abs. 2 sowie der auf Grund des Art. 80 Abs. 2 erlassenen Rechtsverordnung heranziehen. Die Verantwortung des Unternehmers (Art. 52) bleibt unberührt.

(4) Bauvorhaben, die der Landesverteidigung, dienstlichen Zwecken der Bundespolizei oder dem zivilen Bevölkerungsschutz dienen, sind vor Baubeginn mit Bauvorlagen in dem erforderlichen Umfang der Regierung zur Kenntnis zu bringen; Abs. 1 Satz 3 gilt entsprechend. Im Übrigen wirken die Bauaufsichtsbehörden nicht mit.

(5) Für nicht verfahrensfreie Bauvorhaben der Landkreise und Gemeinden gelten die Abs. 1 Sätze 2 bis 4 sowie die Abs. 2 und 3 entsprechend, soweit der Landkreis oder die Gemeinde mindestens mit einem Bediensteten, der für ein Amt ab der Besoldungsgruppe A 14 in der Fachlaufbahn Naturwissenschaft und Technik, fachlicher Schwerpunkt bautechnischer und umweltfachlicher Verwaltungsdienst, qualifiziert ist, und mit sonstigen geeigneten Fachkräften ausreichend besetzt ist und diesen Bediensteten die

Leitung der Entwurfsarbeiten und die Bauüberwachung übertragen sind. An Stelle der Regierung ist die untere Bauaufsichtsbehörde zuständig.

Abschnitt IV Bauaufsichtliche Maßnahmen

Art. 74
Verbot unrechtmäßig gekennzeichneter Bauprodukte

Sind Bauprodukte entgegen Art. 21 mit dem Ü-Zeichen gekennzeichnet, kann die Bauaufsichtsbehörde die Verwendung dieser Bauprodukte untersagen und deren Kennzeichnung entwerten oder beseitigen lassen.

Art. 75
Einstellung von Arbeiten

(1) Werden Anlagen im Widerspruch zu öffentlich-rechtlichen Vorschriften errichtet, geändert oder beseitigt, kann die Bauaufsichtsbehörde die Einstellung der Arbeiten anordnen. Das gilt auch dann, wenn

1. die Ausführung eines Bauvorhabens entgegen den Vorschriften des Art. 68 Abs. 5 begonnen wurde oder

2. bei der Ausführung

a) eines genehmigungsbedürftigen Bauvorhabens von den genehmigten Bauvorlagen,

b) eines genehmigungsfreigestellten Bauvorhabens von den eingereichten Unterlagen abgewichen wird,

3. Bauprodukte verwendet werden, die entgegen der Verordnung (EU) Nr. 305/2011 keine CE-Kennzeichnung oder entgegen Art. 21 kein Ü-Zeichen tragen,

4. Bauprodukte verwendet werden, die unberechtigt mit der CE-Kennzeichnung oder entgegen Art. 21 Abs. 2 Satz 2 dem Ü-Zeichen gekennzeichnet sind.

(2) Werden unzulässige Arbeiten trotz einer schriftlich oder mündlich verfügten Einstellung fortgesetzt, kann die Bauaufsichtsbehörde die Baustelle versiegeln oder die an der Baustelle vorhandenen Bauprodukte, Geräte, Maschinen und Bauhilfsmittel in amtlichen Gewahrsam bringen.

Art. 76

Beseitigung von Anlagen, Nutzungsuntersagung

Werden Anlagen im Widerspruch zu öffentlich-rechtlichen Vorschriften errichtet oder geändert, so kann die Bauaufsichtsbehörde die teilweise oder vollständige Beseitigung der Anlagen anordnen, wenn nicht auf andere Weise rechtmäßige Zustände hergestellt werden können. Werden Anlagen im Widerspruch zu öffentlich-rechtlichen Vorschriften genutzt, so kann diese Nutzung untersagt werden. Die Bauaufsichtsbehörde kann verlangen, dass ein Bauantrag gestellt wird.

Abschnitt V Bauüberwachung

Art. 77
Bauüberwachung

(1) Die Bauaufsichtsbehörde kann die Einhaltung der öffentlich-rechtlichen Vorschriften und Anforderungen und die ordnungsgemäße Erfüllung der Pflichten der am Bau Beteiligten überprüfen.

(2) Die Bauaufsichtsbehörde sowie nach Maßgabe der Rechtsverordnung gemäß Art. 80 Abs. 2 der Prüfingenieur, das Prüfamt oder der Prüfsachverständige überwachen die Bauausführung bei baulichen Anlagen

1. nach Art. 62a Abs. 2 hinsichtlich des von ihr oder ihm geprüften oder bescheinigten Standsicherheitsnachweises,

2. nach Art. 62b Abs. 2 hinsichtlich des von ihr oder ihm geprüften oder bescheinigten Brandschutznachweises. Bei Gebäuden der Gebäudeklasse 4, ausgenommen Sonderbauten sowie Mittel- und Großgaragen im Sinn der Verordnung nach Art. 80 Abs. 1 Satz 1 Nr. 3, ist die mit dem Brandschutznachweis übereinstimmende Bauausführung vom Nachweisersteller oder einem anderen Nachweisberechtigten im Sinn des Art. 62b Abs. 1 zu bestätigen. Wird die Bauausführung durch einen Prüfsachverständigen bescheinigt oder nach Satz 2 bestätigt, gelten insoweit die jeweiligen bauaufsichtlichen Anforderungen als eingehalten.

(3) Bei nicht oder nur zum vorübergehenden Aufenthalt einzelner Personen bestimmten oberirdischen eingeschossigen Gebäuden im Sinn des Art. 62a Abs. 2 Satz 3 Nr. 1 ist der Ersteller des Standsicherheitsnachweises nach Art. 62a Abs. 1 auch für die Einhaltung der bauaufsichtlichen Anforderungen an die Standsicherheit bei der Bauausführung verantwortlich; benennt der Bauherr der Bauaufsichtsbehörde einen anderen

Tragwerksplaner im Sinn des Art. 62a Abs. 1, ist dieser verantwortlich. Ein verantwortlicher Tragwerksplaner im Sinn des Satzes 1 ist nicht erforderlich bei land- oder forstwirtschaftlichen Betriebsgebäuden und gewerblichen Lagergebäuden mit freien Stützweiten von nicht mehr als 12 m und

1. nicht mehr als 500 m² oder

2. nicht mehr als 1600 m², wenn sie statisch einfach sind.

(4) Im Rahmen der Bauüberwachung können Proben von Bauprodukten, soweit erforderlich, auch aus fertigen Bauteilen zu Prüfzwecken entnommen werden.

(5) Im Rahmen der Bauüberwachung ist jederzeit Einblick in die Genehmigungen, Zulassungen, Prüfzeugnisse, Übereinstimmungszertifikate, Zeugnisse und Aufzeichnungen über die Prüfungen von Bauprodukten, in die CE-Kennzeichnungen und Leistungserklärungen nach der Verordnung (EU) Nr. 305/2011, in die Bautagebücher und andere vorgeschriebene Aufzeichnungen zu gewähren.

(6) Rechtsverstöße gegen die Verordnung (EU) Nr. 305/2011 sollen die Bauaufsichtsbehörde oder der Prüfsachverständige der für die Marktüberwachung zuständigen Stelle mitteilen.

Art. 78
Bauzustandsanzeigen, Aufnahme der Nutzung

(1) Die Bauaufsichtsbehörde, der Prüfingenieur, das Prüfamt oder der Prüfsachverständige kann verlangen, dass ihm Beginn und Beendigung bestimmter Bauarbeiten angezeigt werden. Die Bauarbeiten dürfen erst fortgesetzt werden, wenn die Bauaufsichtsbehörde, der Prüfingenieur, das Prüfamt oder der Prüfsachverständige der Fortführung der Bauarbeiten zugestimmt hat.

(2) Der Bauherr hat die beabsichtigte Aufnahme der Nutzung einer nicht verfahrensfreien baulichen Anlage mindestens zwei Wochen vorher der Bauaufsichtsbehörde anzuzeigen. Mit der Anzeige nach Satz 1 sind vorzulegen

1. bei Bauvorhaben nach Art. 62a Abs. 2 Satz 1 eine Bescheinigung des Prüfsachverständigen über die ordnungsgemäße Bauausführung hinsichtlich der Standsicherheit,

2. bei Bauvorhaben nach Art. 62b Abs. 2 Satz 1 eine Bescheinigung des Prüfsachverständigen über die ordnungsgemäße Bauausführung hinsichtlich des

Brandschutzes (Art. 77 Abs. 2 Satz 1), soweit kein Fall des Art. 62b Abs. 2 Satz 1 Alternative 2 vorliegt,

3. in den Fällen des Art. 77 Abs. 2 Satz 2 die jeweilige Bestätigung. Eine bauliche Anlage darf erst benutzt werden, wenn sie selbst, Zufahrtswege, Wasserversorgungs- und Abwasserentsorgungs- sowie Gemeinschaftsanlagen in dem erforderlichen Umfang sicher benutzbar sind, nicht jedoch vor dem in Satz 1 bezeichneten Zeitpunkt.

(3) Feuerstätten dürfen erst in Betrieb genommen werden, wenn der bevollmächtigte Bezirksschornsteinfeger die Tauglichkeit und die sichere Benutzbarkeit der Abgasanlagen bescheinigt hat; ortsfeste Verbrennungsmotoren und Blockheizkraftwerke dürfen erst dann in Betrieb genommen werden, wenn er die Tauglichkeit und sichere Benutzbarkeit der Leitungen zur Abführung von Verbrennungsgasen bescheinigt hat.

Sechster Teil Ordnungswidrigkeiten, Rechtsvorschriften

Art. 79
Ordnungswidrigkeiten

(1) Mit Geldbuße bis zu fünfhunderttausend Euro kann belegt werden, wer vorsätzlich oder fahrlässig

1. einem Gebot oder Verbot einer Rechtsverordnung nach Art. 80 Abs. 1 bis 4 oder einer Satzung nach Art. 81 Abs. 1 oder einer vollziehbaren Anordnung der Bauaufsichtsbehörde auf Grund einer solchen Rechtsverordnung oder Satzung zuwiderhandelt, sofern die Rechtsverordnung oder die Satzung für einen bestimmten Tatbestand auf diese Bußgeldvorschrift verweist,

2. einer vollziehbaren schriftlichen Anordnung der Bauaufsichtsbehörde auf Grund dieses Gesetzes zuwiderhandelt,

3. entgegen Art. 9 Abs. 1 eine Baustelle nicht ordnungsgemäß einrichtet, entgegen Art. 9 Abs. 2 Verkehrsflächen, Versorgungs-, Abwasserbeseitigungs- oder Meldeanlagen, Grundwassermessstellen, Vermessungszeichen, Abmarkungszeichen oder Grenzzeichen nicht schützt oder zugänglich hält oder entgegen Art. 9 Abs. 3 ein Schild nicht oder nicht ordnungsgemäß anbringt,

4. Bauprodukte entgegen Art. 21 Abs. 2 Satz 1 ohne Ü-Zeichen verwendet,

5. Bauarten entgegen Art. 15 Abs. 2 Satz 1 ohne Bauartgenehmigung oder entgegen Art. 15 Abs. 3 Satz 1 ohne allgemeines bauaufsichtliches Prüfzeugnis für Bauarten anwendet,

6. entgegen Art. 21 Abs. 2 Satz 2 ein Ü-Zeichen nicht oder nicht ordnungsgemäß anbringt,

7. als Verfügungsberechtigter entgegen Art. 5 Abs. 2 Satz 1 Halbsatz 2 Zu- oder Durchfahrten, Aufstellflächen oder Bewegungsflächen nicht frei hält,

8. entgegen Art. 55 Abs. 1, Art. 63 Abs. 1 Satz 1 oder Art. 70 bauliche Anlagen errichtet, ändert oder benutzt oder entgegen Art. 57 Abs. 5 Satz 2 eine Beseitigung nicht oder nicht rechtzeitig anzeigt,

9. entgegen Art. 58 Abs. 3 Sätze 3 und 4, auch in Verbindung mit Satz 5, mit der Ausführung eines Bauvorhabens beginnt,

10. entgegen Art. 72 Abs. 2 Satz 1 fliegende Bauten aufstellt oder einer nach Art. 72 Abs. 2 Satz 3 mit einer Ausführungsgenehmigung verbundenen vollziehbaren Auflage zuwiderhandelt oder entgegen Art. 72 Abs. 5 Satz 1 die Aufstellung eines fliegenden Baus nicht oder nicht rechtzeitig anzeigt oder entgegen Art. 72 Abs. 5 Satz 2 einen fliegenden Bau in Gebrauch nimmt,

11. entgegen Art. 68 Abs. 5, auch in Verbindung mit Art. 57 Abs. 5 Satz 5, mit der Bauausführung, der Ausführung eines Bauabschnitts oder der Beseitigung einer Anlage beginnt, entgegen Art. 78 Abs. 1 Bauarbeiten fortsetzt, entgegen Art. 78 Abs. 2 Satz 1 in Verbindung mit Satz 2 die Aufnahme der Nutzung nicht, nicht rechtzeitig oder nicht richtig anzeigt oder entgegen Art. 78 Abs. 3 Feuerstätten, Verbrennungsmotoren oder Blockheizkraftwerke in Betrieb nimmt,

12. entgegen Art. 68 Abs. 7 den Ausführungsbeginn oder die Wiederaufnahme der Bauarbeiten nicht oder nicht rechtzeitig mitteilt,

13. entgegen Art. 50 Abs. 1 Satz 1 keine geeigneten Beteiligten bestellt oder entgegen Art. 50 Abs. 1 Satz 5 eine Mitteilung nicht oder nicht rechtzeitig erstattet oder entgegen Art. 50 Abs. 1 Satz 4 oder entgegen Art. 52 Abs. 1 Satz 2 und 3 die erforderlichen Nachweise und Unterlagen nicht bereithält. Ist eine Ordnungswidrigkeit nach Satz 1 Nrn. 9 bis 11 begangen worden, können Gegenstände, auf die sich die Ordnungswidrigkeit bezieht, eingezogen werden; § 23 des Gesetzes über Ordnungswidrigkeiten (OWiG) ist anzuwenden.

(2) Mit einer Geldbuße bis zu fünfhunderttausend Euro belegt werden kann ferner, wer

1. unrichtige Angaben macht oder unrichtige Pläne oder Unterlagen vorlegt, um einen nach diesem Gesetz vorgesehenen Verwaltungsakt zu erwirken oder zu verhindern,

2. vorsätzlich unrichtige Angaben in dem Kriterienkatalog nach Art. 62a Abs. 2 Satz 1 macht,

3. ohne dazu berechtigt zu sein, bautechnische Nachweise im Sinn des Art. 57 Abs. 5 Satz 3, des Art. 62 Abs. 1 Satz 1 oder des Art. 78 Abs. 2 Satz 2 erstellt, bescheinigt oder bestätigt,

4. als Prüfsachverständiger unrichtige Bescheinigungen über die Einhaltung bauordnungsrechtlicher Anforderungen ausstellt.

Art. 80
Rechtsverordnungen

(1) Zur Verwirklichung der in Art. 3 Satz 1, Art. 15 Abs. 1 und Art. 16 Abs. 2 Satz 1 bezeichneten Anforderungen wird das Staatsministerium des Innern, für Bau und Verkehr ermächtigt, durch Rechtsverordnung Vorschriften zu erlassen über

1. die nähere Bestimmung allgemeiner Anforderungen der Art. 4 bis 46,

2. Anforderungen an Feuerungsanlagen (Art. 40),

3. Anforderungen an Garagen (Art. 2 Abs. 8),

4. besondere Anforderungen oder Erleichterungen, die sich aus der besonderen Art oder Nutzung der baulichen Anlagen für Errichtung, Änderung, Unterhaltung, Betrieb und Nutzung ergeben (Art. 2 Abs. 4), sowie über die Anwendung solcher Anforderungen auf bestehende bauliche Anlagen dieser Art,

5. Erst-, Wiederholungs- und Nachprüfung von Anlagen, die zur Verhütung erheblicher Gefahren oder Nachteile ständig ordnungsgemäß unterhalten werden müssen, und die Erstreckung dieser Nachprüfungspflicht auf bestehende Anlagen,

6. die Anwesenheit fachkundiger Personen beim Betrieb technisch schwieriger baulicher Anlagen und Einrichtungen wie Bühnenbetriebe und technisch schwierige fliegende Bauten einschließlich des Nachweises der Befähigung dieser Personen.

In diesen Rechtsverordnungen kann wegen der technischen Anforderungen auf Bekanntmachungen besonders sachverständiger Stellen mit Angabe der Fundstelle verwiesen werden.

(2) Das Staatsministerium des Innern, für Bau und Verkehr wird ermächtigt, durch Rechtsverordnung Vorschriften zu erlassen über

1. Prüfingenieure und Prüfämter, denen bauaufsichtliche Prüfaufgaben einschließlich der Bauüberwachung und der Bauzustandsbesichtigung übertragen werden, sowie

2. Prüfsachverständige, die im Auftrag des Bauherrn oder des sonstigen nach Bauordnungsrecht Verantwortlichen die Einhaltung bauordnungsrechtlicher Anforderungen prüfen und bescheinigen.

Die Rechtsverordnungen nach Satz 1 regeln, soweit erforderlich,

1. die Fachbereiche und die Fachrichtungen, in denen Prüfingenieure, Prüfämter und Prüfsachverständige tätig werden,

2. die Anerkennungsvoraussetzungen und das Anerkennungsverfahren,

3. Erlöschen, Rücknahme und Widerruf der Anerkennung einschließlich der Festlegung einer Altersgrenze,

4. die Aufgabenerledigung,

5. die Vergütung.

Das Staatsministerium des Innern, für Bau und Verkehr kann durch Rechtsverordnung ferner

1. den Leitern und stellvertretenden Leitern von Prüfämtern die Stellung eines Prüfsachverständigen nach Satz 1 Nr. 2 zuweisen,

2. soweit für bestimmte Fachbereiche und Fachrichtungen Prüfsachverständige nach Satz 1 Nr. 2 noch nicht in ausreichendem Umfang anerkannt sind, anordnen, dass die von solchen Prüfsachverständigen zu prüfenden und zu bescheinigenden bauordnungsrechtlichen Anforderungen bauaufsichtlich geprüft werden können,

3. soweit Tragwerksplaner oder Brandschutzplaner nach Art. 62 Abs. 3 noch nicht in ausreichendem Umfang eingetragen sind, anordnen, dass die Standsicherheits- oder Brandschutznachweise bauaufsichtlich geprüft werden und die Bauausführung bauaufsichtlich überwacht wird.

(3) Das Staatsministerium des Innern, für Bau und Verkehr wird ermächtigt, durch Rechtsverordnung Vorschriften für eine Zusatzqualifikation im Sinn des Art. 62a Abs. 1 zu erlassen, die bezogen auf die Bauvorhaben nach Art. 61 Abs. 3 Satz 1 ausreichende Kenntnisse und Fertigkeiten hinsichtlich Standsicherheit, Schall-, Wärme- und baulichen Brandschutz sicherstellen. Dabei können insbesondere geregelt werden

1. die Notwendigkeit einer staatlichen Anerkennung, die die erfolgreiche Ablegung der Prüfung voraussetzt,

2. die Voraussetzungen, die Inhalte und das Verfahren für diese Prüfung,

3. das Verfahren sowie die Voraussetzungen der Anerkennung, ihren Widerruf, ihre Rücknahme und ihr Erlöschen,

4. Weiter- und Fortbildungserfordernisse sowie

5. die Maßnahmen bei Pflichtverletzungen.

(4) Das Staatsministerium des Innern, für Bau und Verkehr wird ermächtigt, durch Rechtsverordnung Vorschriften zu erlassen über

1. Umfang, Inhalt und Zahl der erforderlichen Unterlagen einschließlich der Vorlagen bei der Anzeige der beabsichtigten Beseitigung von Anlagen nach Art. 57 Abs. 5 Satz 2 und bei der Genehmigungsfreistellung nach Art. 58,

2. die erforderlichen Anträge, Anzeigen, Nachweise, Bescheinigungen und Bestätigungen, auch bei verfahrensfreien Bauvorhaben,

3. das Verfahren im Einzelnen.

Es kann dabei für verschiedene Arten von Bauvorhaben unterschiedliche Anforderungen und Verfahren festlegen.

(5) Das Staatsministerium des Innern, für Bau und Verkehr wird ermächtigt, durch Rechtsverordnung

1. die Zuständigkeit für die vorhabenbezogene Bauartgenehmigung nach Art. 15 Abs. 2 Satz 1 Nr. 2 und den Verzicht darauf nach Art. 15 Abs. 4 sowie die Zustimmung im Einzelfall nach Art. 20 auf ihm unmittelbar nachgeordnete Behörden zu übertragen,

2. die Zuständigkeit für die Anerkennung von Prüf-, Zertifizierungs- und Überwachungsstellen nach Art. 23 Abs. 3 auf das Deutsche Institut für Bautechnik zu übertragen,

3. das Ü-Zeichen festzulegen und zu diesem Zeichen zusätzliche Angaben zu verlangen,

4. das Anerkennungsverfahren nach Art. 23 Abs. 3, die Voraussetzungen für die Anerkennung, ihre Rücknahme, ihren Widerruf und ihr Erlöschen zu regeln, insbesondere auch Altersgrenzen festzulegen, sowie eine ausreichende Haftpflichtversicherung zu fordern,

5. die Anwendbarkeit der Art. 15 Abs. 2, Art. 17 bis 23 für bestimmte Bauprodukte und Bauarten, auch soweit sie Anforderungen nach anderen Rechtsvorschriften unterliegen, hinsichtlich dieser Anforderungen ganz oder teilweise vorzuschreiben, wenn die anderen Rechtsvorschriften dies verlangen oder zulassen,

6. besondere Sachkunde- und Sorgfaltsanforderungen nach Art. 22, insbesondere auch Mindestanforderungen an die Ausbildung, die durch Prüfung nachzuweisende Befähigung und die Ausbildungsstätten einschließlich der Anerkennungsvoraussetzungen zu stellen,

7. zu bestimmen, dass Ausführungsgenehmigungen für fliegende Bauten nur durch bestimmte Bauaufsichtsbehörden oder durch von ihm bestimmte Stellen erteilt werden, und die Vergütung dieser Stellen zu regeln.

(6) Das Staatsministerium des Innern, für Bau und Verkehr wird ermächtigt, durch Rechtsverordnung zu bestimmen, dass die Anforderungen der auf Grund des § 34 des Produktsicherheitsgesetzes (ProdSG) und des § 49 Abs. 4 des Energiewirtschaftsgesetzes erlassenen Rechtsverordnungen entsprechend für Anlagen gelten, die weder gewerblichen noch wirtschaftlichen Zwecken dienen und in deren Gefahrenbereich auch keine Arbeitnehmer beschäftigt werden. Es kann auch die Verfahrensvorschriften dieser Verordnungen für anwendbar erklären oder selbst das Verfahren bestimmen sowie Zuständigkeiten und Gebühren regeln. Dabei kann es auch vorschreiben, dass danach zu erteilende Erlaubnisse die Baugenehmigung einschließlich der zugehörigen Abweichungen einschließen und dass § 35 Abs. 2 ProdSG insoweit Anwendung findet.

(7) Das Staatsministerium des Innern, für Bau und Verkehr wird ermächtigt, durch Rechtsverordnung die zuständigen Behörden zur Durchführung

1. des Baugesetzbuchs,

2. des § 6b Abs. 9 des Einkommensteuergesetzes,

3. der Verordnung (EG) Nr. 765/2008, der Verordnung (EU) Nr. 305/2011 und des Bauproduktengesetzes in den jeweils geltenden Fassungen zu bestimmen, soweit nicht durch Bundesgesetz oder Landesgesetz etwas anderes vorgeschrieben ist. Die Zuständigkeiten nach Satz 1 Nr. 3 können auch auf das Deutsche Institut für Bautechnik übertragen werden.

Art. 81
Örtliche Bauvorschriften

(1) Die Gemeinden können durch Satzung im eigenen Wirkungskreis örtliche Bauvorschriften erlassen

1. über besondere Anforderungen an die äußere Gestaltung baulicher Anlagen zur Erhaltung und Gestaltung von Ortsbildern, insbesondere die Begrünung von Dächern,

2. über das Verbot der Errichtung von Werbeanlagen aus ortsgestalterischen Gründen,

3. über die Lage, Größe, Beschaffenheit, Ausstattung und Unterhaltung von Kinderspielplätzen (Art. 7 Abs. 2),

4. über Zahl, Größe und Beschaffenheit der Stellplätze für Kraftfahrzeuge und der Abstellplätze für Fahrräder, einschließlich der Ausstattung mit Elektroladestationen, des Mehrbedarfs bei Änderungen und Nutzungsänderungen der Anlagen sowie die Ablösung der Herstellungspflicht und die Höhe der Ablösungsbeträge, die nach Art der Nutzung und Lage der Anlage unterschiedlich geregelt werden kann,

5. über die Gestaltung der Plätze für bewegliche Abfallbehälter und der unbebauten Flächen der bebauten Grundstücke sowie über die Notwendigkeit, Art, Gestaltung und Höhe von Einfriedungen; dabei kann bestimmt werden, dass Vorgärten nicht als Arbeitsflächen oder Lagerflächen benutzt werden dürfen,

6. über von Art. 6 abweichende Maße der Abstandsflächentiefe, soweit dies zur Gestaltung des Ortsbildes oder zur Verwirklichung der Festsetzungen einer städtebaulichen Satzung erforderlich ist oder der Verbesserung der Wohnqualität dient und eine ausreichende Belichtung sowie der Brandschutz gewährleistet sind,

7. in Gebieten, in denen es für das Straßen- und Ortsbild oder für den Lärmschutz oder die Luftreinhaltung bedeutsam oder erforderlich ist, darüber, dass auf den nicht überbaubaren Flächen der bebauten Grundstücke Bäume nicht beseitigt oder beschädigt werden dürfen, und dass die Flächen nicht unterbaut werden dürfen.

(2) Örtliche Bauvorschriften können auch durch Bebauungsplan oder, soweit das Baugesetzbuch dies vorsieht, durch andere Satzungen nach den Vorschriften des Baugesetzbuchs erlassen werden. In diesen Fällen sind, soweit das Baugesetzbuch kein abweichendes Verfahren regelt, die Vorschriften des Ersten und des Dritten Abschnitts des Ersten Teils, des Ersten Abschnitts des Zweiten Teils des Ersten Kapitels, die §§ 13, 13a, 13b, 30, 31, 33, 36, 214 und 215 BauGB entsprechend anzuwenden.

(3) Anforderungen nach den Abs. 1 und 2 können in der Satzung auch zeichnerisch gestellt werden. Die zeichnerischen Darstellungen können auch dadurch bekannt gemacht werden, dass sie bei der erlassenden Behörde zur Einsicht ausgelegt werden. Hierauf ist in der Satzung hinzuweisen.

Art. 81a
Technische Baubestimmungen

(1) Die vom Staatsministerium für Wohnen, Bau und Verkehr öffentlich bekanntgemachten Technischen Baubestimmungen sind zu beachten. Von den Technischen Baubestimmungen kann abgewichen werden, wenn mit einer anderen

Lösung in gleichem Maße die allgemeinen Anforderungen des Art. 3 Satz 1 erfüllt werden und in der Technischen Baubestimmung eine Abweichung nicht ausgeschlossen ist; Art. 15 Abs. 2 und Art. 17 bleiben unberührt. Werden die allgemein anerkannten Regeln der Baukunst und Technik beachtet, gelten die entsprechenden bauaufsichtlichen Anforderungen dieses Gesetzes und der auf Grund dieses Gesetzes erlassenen Vorschriften als eingehalten.

(2) Zur Sicherstellung der Anforderungen nach Art. 3 Satz 1, Art. 15 Abs. 1 und Art. 16 Abs. 2 Satz 1 können im Rahmen der Technischen Baubestimmungen im erforderlichen Umfang Regelungen getroffen werden in Bezug auf

1. bestimmte bauliche Anlagen oder ihre Teile,

2. die Planung, Bemessung und Ausführung baulicher Anlagen und ihrer Teile,

3. die Leistung von Bauprodukten in bestimmten baulichen Anlagen oder ihren Teilen, insbesondere

a) Planung, Bemessung und Ausführung baulicher Anlagen bei Einbau eines Bauprodukts,

b) Merkmale von Bauprodukten, die sich für einen Verwendungszweck auf die Erfüllung der Anforderungen nach Art. 3 Satz 1 auswirken,

c) Verfahren für die Feststellung der Leistung eines Bauproduktes im Hinblick auf Merkmale, die sich für einen Verwendungszweck auf die Erfüllung der Anforderungen nach Art. 3 Satz 1 auswirken,

d) zulässige oder unzulässige besondere Verwendungszwecke,

e) die Festlegung von Klassen und Stufen in Bezug auf bestimmte Verwendungszwecke,

f) die für einen bestimmten Verwendungszweck anzugebende oder erforderliche und anzugebende Leistung in Bezug auf ein Merkmal, das sich für einen Verwendungszweck auf die Erfüllung der Anforderungen nach Art. 3 Satz 1 auswirkt, soweit vorgesehen in Klassen und Stufen,

4. die Bauprodukte, die keines Verwendbarkeitsnachweises nach Art. 17 bedürfen,

5. die Bauarten und die Bauprodukte, die nur eines allgemeinen bauaufsichtlichen Prüfzeugnisses nach allgemein anerkannten Prüfverfahren nach Art. 15 Abs. 3 oder Art. 19 bedürfen,

6. Voraussetzungen zur Abgabe der Übereinstimmungserklärung für ein Bauprodukt nach Art. 21,

7. die Art, den Inhalt und die Form technischer Dokumentation.

Siebter Teil Ausführungsbestimmungen zum Baugesetzbuch

Art. 82
Windenergie und Nutzungsänderung ehemaliger landwirtschaftlicher Gebäude

(1) § 35 Abs. 1 Nr. 5 BauGB findet auf Vorhaben, die der Erforschung, Entwicklung oder Nutzung der Windenergie dienen, nur Anwendung, wenn diese Vorhaben einen Mindestabstand vom 10-fachen ihrer Höhe zu Wohngebäuden in Gebieten mit Bebauungsplänen (§ 30 BauGB), innerhalb im Zusammenhang bebauter Ortsteile (§ 34 BauGB) – sofern in diesen Gebieten Wohngebäude nicht nur ausnahmsweise zulässig sind – und im Geltungsbereich von Satzungen nach § 35 Abs. 6 BauGB einhalten.

(2) Höhe im Sinn des Abs. 1 ist die Nabenhöhe zuzüglich Radius des Rotors. Der Abstand bemisst sich von der Mitte des Mastfußes bis zum nächstgelegenen Wohngebäude, das im jeweiligen Gebiet im Sinn des Abs. 1 zulässigerweise errichtet wurde bzw. errichtet werden kann.

(3) Soll auf einem gemeindefreien Gebiet ein Vorhaben nach Abs. 1 errichtet werden und würde der in Abs. 1 beschriebene Mindestabstand auch entsprechende Wohngebäude auf dem Gebiet einer Nachbargemeinde einschließen, gilt hinsichtlich dieser Gebäude der Schutz der Abs. 1 und 2, solange und soweit die Gemeinde nichts anderes in einem ortsüblich bekannt gemachten Beschluss feststellt.

(4) Abs. 1 und 2 finden keine Anwendung,

1. wenn in einem Flächennutzungsplan für Vorhaben der in Abs. 1 beschriebenen Art vor dem 21. November 2014 eine Darstellung für die Zwecke des § 35 Abs. 3 Satz 3 BauGB erfolgt ist,

2. soweit und sobald die Gemeinde der Fortgeltung der Darstellung nicht bis einschließlich 21. Mai 2015 in einem ortsüblich bekannt gemachten Beschluss widerspricht und

3. soweit und sobald auch eine betroffene Nachbargemeinde der Fortgeltung der Darstellung nicht bis einschließlich 21. Mai 2015 in einem ortsüblich bekannt gemachten Beschluss widerspricht; als betroffen gilt dabei eine Nachbargemeinde, deren

Wohngebäude in Gebieten im Sinn des Abs. 1 in einem geringeren Abstand als dem 10-fachen der Höhe der Windkraftanlagen, sofern der Flächennutzungsplan jedoch keine Regelung enthält, maximal in einem Abstand von 2 000 m, stehen.

(5) Die Frist nach § 35 Abs. 4 Satz 1 Nr. 1 Buchst. c BauGB ist nicht anzuwenden.

Achter Teil Übergangs- und Schlussvorschriften

Art. 83
Übergangsvorschriften

(1) Soweit vor Ablauf des 4. Februar 2014 bei der zuständigen Behörde ein vollständiger Antrag auf Genehmigung von Anlagen zur Erforschung, Entwicklung oder Nutzung der Windenergie eingegangen ist, finden Art. 82 Abs. 1 und 2 keine Anwendung.

(2) Bis zum Ablauf des 31. August 2018 für Bauarten erteilte allgemeine bauaufsichtliche Zulassungen oder Zustimmungen im Einzelfall gelten als Bauartgenehmigung fort.

(3) Als Tragwerksplaner im Sinn des Art. 62 Abs. 1 gelten die im Sinn des Art. 68 Abs. 7 Satz 2 in der bis zum 31. Dezember 2007 geltenden Fassung Nachweisberechtigten.

(4) Als Brandschutzplaner im Sinn des Art. 62b Abs. 1 gelten die im Sinn des Art. 68 Abs. 7 Satz 3 in der bis zum 31. Dezember 2007 geltenden Fassung Nachweisberechtigten sowie die auf der Grundlage der Verordnung nach Art. 90 Abs. 9 in der bis zum 31. Dezember 2007 geltenden Fassung anerkannten verantwortlichen Sachverständigen für vorbeugenden Brandschutz.

(5) Art. 53 Abs. 1 Satz 2 in der bis zum 31. Dezember 2007 geltenden Fassung findet keine Anwendung im Geltungsbereich von Satzungen, die auf Grund von Art. 91 Abs. 2 Nr. 4 in der bis zum 31. Dezember 2007 geltenden Fassung erlassen worden sind.

(6) Soweit § 20 Abs. 1 BauNVO zur Begriffsbestimmung des Vollgeschosses auf Landesrecht verweist, gilt insoweit Art. 2 Abs. 5 in der bis zum 31. Dezember 2007 geltenden Fassung fort.

Art. 84
Inkrafttreten

Dieses Gesetz tritt am 1. Oktober 1962 in Kraft. Die Vorschriften über die Ermächtigung zum Erlass von Rechtsverordnungen und von örtlichen Bauvorschriften treten jedoch bereits am 1. August 1962 in Kraft.

[**Amtl. Anm.:**] Diese Vorschrift betrifft das Inkrafttreten des Gesetzes in der ursprünglichen Fassung vom 1. August 1962 (GVBl S. 179, ber. S. 250). Der Zeitpunkt des

Inkrafttretens der späteren Änderungen ergibt sich aus den jeweiligen Änderungsgesetzen.

ISBN 978-3-947201-99-0
Als Taschenbuch:
https://amzn.to/2NO6oZR
Als eBook:
https://amzn.to/2NR2MGq

ISBN 978-3-947201-98-3
Als Taschenbuch:
https://amzn.to/2EWJYT8
Als eBook:
https://amzn.to/2TnD16C

ISBN 978-3-947201-97-6
Als Taschenbuch:
https://amzn.to/2VLd5yo
Als eBook:
https://amzn.to/2C8JKXq

ISBN 978-3-947201-96-9
Als Taschenbuch:
https://amzn.to/2EWMglc
Als eBook:
https://amzn.to/2C95qmo

ISBN 978-3-947201-95-2
Als Taschenbuch:
https://amzn.to/2NUaRKE
Als eBook:
https://amzn.to/2VLOCsS

ISBN 978-3-947201-94-5
Als Taschenbuch:
https://amzn.to/2TndfPT
Als eBook:
https://amzn.to/2H8Hrrt

ISBN 978-3-947201-93-8
Als Taschenbuch:
https://amzn.to/2C6B5Vd
Als eBook:
https://amzn.to/2H8q7mm

ISBN 978-3-947201-92-1
Als Taschenbuch:
https://amzn.to/2NSk6L5
Als eBook:
https://amzn.to/2Cb6Bl3

ISBN 978-3-947201-91-4
Als Taschenbuch:
https://amzn.to/2NPwnzR
Als eBook:
https://amzn.to/2H6nQIp

ISBN 978-3-947201-90-7
Als Taschenbuch:
https://amzn.to/2H79rvJ
Als eBook:
https://amzn.to/2NSlSMf

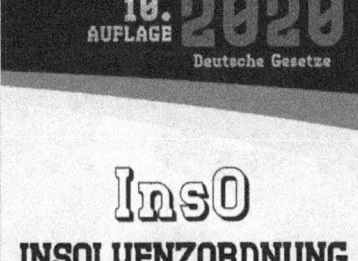

ISBN 978-3-947201-89-1
Als Taschenbuch:
https://amzn.to/2AzIr2y
Als eBook:
https://amzn.to/2Azbzak

ISBN 978-3-947201-88-4
Als Taschenbuch:
https://amzn.to/2Qhn7tb
Als eBook:
https://amzn.to/2QnrfIc

ISBN 978-3-947201-87-7	ISBN 978-3-947201-86-0	ISBN 978-3-947201-85-3
Als Taschenbuch:	Als Taschenbuch:	Als Taschenbuch:
https://amzn.to/2AAWlRS	https://amzn.to/2AE4Z1X	https://amzn.to/2M4MmcZ
Als eBook:	Als eBook:	Als eBook:
https://amzn.to/2ACbUbW	https://amzn.to/2M8MaJX	https://amzn.to/32XOrhU

GESETZESTEXTE

Deutsche Gesetze

M&E Rechts- & Gesetzesredaktion

https://amzn.to/2EWAY0i

HAFTUNGSAUSSCHLUSS

Die Umsetzung aller enthaltenen Informationen, Anleitungen und Strategien dieses Werkes erfolgt auf eigenes Risiko. Für etwaige Schäden jeglicher Art kann der Verlag/Herausgeber/Autor aus keinem Rechtsgrund eine Haftung übernehmen. Für Schäden materieller oder ideeller Art, die durch die Nutzung oder Nichtnutzung der Informationen bzw. durch die Nutzung fehlerhafter und/oder unvollständiger Informationen verursacht wurden, sind Haftungsansprüche gegen den Verlag/Herausgeber/Autor grundsätzlich ausgeschlossen. Ausgeschlossen sind daher auch jegliche Rechts- und Schadensersatzansprüche. Dieses Werk wurde mit größter Sorgfalt nach bestem Wissen und Gewissen erarbeitet und niedergeschrieben. Für die Aktualität, Vollständigkeit und Qualität der Informationen übernimmt der Verlag/Herausgeber/Autor jedoch keinerlei Gewähr. Auch können Druckfehler und Falschinformationen nicht vollständig ausgeschlossen werden. Für fehlerhafte Angaben vom Verlag/Herausgeber/Autor kann keine juristische Verantwortung sowie Haftung in irgendeiner Form übernommen werden.

www.ingramcontent.com/pod-product-compliance
Lightning Source LLC
LaVergne TN
LVHW060141080526
838202LV00049B/4051